NOUVELLE

MÉTHODE DE CHANT.

IMPRIMERIE DE MOQUET ET COMP^e.
Rue de la Harpe, 90.

NOUVELLE
MÉTHODE DE CHANT

PAR

MARCELLO PERINO,

RECTEUR ET ADMINISTRATEUR DU CONSERVATOIRE ROYAL
DE SAINT SÉBASTIEN, A NAPLES;

Traduite de l'Italien,

PAR AUGUSTE L. BLONDEAU,

ANCIEN PENSIONNAIRE DE L'ACADÉMIE DE FRANCE A ROME (GRAND
PRIX DE COMPOSITION), MEMBRE DE L'ACADÉMIE DES PHILHAR-
MONIQUES DE BOLOGNE, ARTISTE A L'ACADÉMIE ROYALE DE MU-
SIQUE ET PROFESSEUR AU COLLÉGE ROYAL DE LOUIS-LE-GRAND.

PRÉCÉDÉE

1° D'une notice sur PALESTRINA, né en 1529, et sur ses ouvrages, etc.
2° De la vie de BENEDETTO MARCELLO, né le 24 juillet 1686,
traduite de l'italien, avec des notes du traducteur;

SUIVIE

3° D'une notice sur les usages du Théâtre en Italie.

Dédiée

A MADAME LA COMTESSE M. MERLIN.

—◦◦◦—

PARIS,

ÉBRARD, LIBRAIRE-ÉDITEUR,

Rue des Mathurins St.-Jacques, n° 24.

—

1839

NOUVELLE
MÉTHODE DE CHANT,

PAR MARCELLO PERINO,
Recteur et administrateur du Conservatoire de St.-Sébastien à Naples,

Traduite de l'italien

Par Auguste L. BLONDEAU,
Ancien pensionnaire de l'Académie de France à Rome, etc., etc.,

AVEC DES NOTES DU TRADUCTEUR,

Précédée

de : 1° Notice sur PALESTRINA, né en 1529, et sur ses ouvrages,
2° Vie de BENEDETTO MARCELLO, patricien vénitien,
né en 1686, traduite de l'italien, avec des notes du traducteur,

et suivie

3° d'une NOTICE sur les usages du Théâtre en Italie;

A peine la mise sous presse de cet ouvrage a t-elle été connue qu'un grand nombre de personnes se sont empressées d'y souscrire: nous citerons entr'autres :

1. Madame la Comtesse M. MERLIN, rue de Bondy, 58.
2. Madame la Vicomtesse de FOUCAULT, rue Belle Chasse, 12.
3. Madame la Marquise de LAS-MARIS-MAS, rue Grange-Batelière, 6.
4. Madame NICHOLS, rue Montholon, 26.
5. Madame EUG. ISOT, rue de Ménars. 9.
6. Madame la Comtesse de CHATAUVILLARD, rue de la Ville-l'Évêque, 1.
7. Madame EGGLY, rue St. Fiacre, 20.
8. Madame Gabriel ISOT, rue Lepelletier, 16.
9. Mademoiselle Henriette MARTIN, rue de Paradis-Poissonnière, 56.
10. Madame LECOUTURIER, rue de Paradis-Poissonnière, 56.
11. Mademoiselle Augusta PICQUET, rue de la Chaussée-d'Antin, 50.
12. Madame FAYE, rue St. Lazare, 43.
13. Madame MAINVIELLE FODOR, rue St. Georges, 11.
14. Madame LABATUT, rue d'Alger 13.
15. Madame TEISSIER, rue du faubourg Poissonnière 29.
16. Madame BENOIST, rue de la Madeleine, 31.
17. Madame H. de MALLORTIE, rue St.-Marc Feydeau, 14.
18. Madame de NEUFLIZE, rue de la Victoire. 19. bis.
19. Mademoiselle TAGLIONI, rue Grange-Batelière, 4,
20. Mademoiselle HERSILIE ROUY, rue Montholon, 24.
21. M. le Comte Henri de la ROCHE-JACQUELIN.
22. M. Auguste CHOLLET, rue St.-Georges 9.
23. M. le Baron de RUOLTZ, rue de Grenelle-St.-Germain, 98.
24. M. Gustave GEYLER, rue, ou boulevard des Batignoles, 20.
25. M. ONSMONDE, rue Mazarine, 41.
26. M. RIFAUT père, rue des Martyrs, 23.
27. M. MONTREUIL, rue de la Victoire, 8 (bis.)
28. M. S. AULAGNIER, rue Neuve-Racine, 10.
29. M. GRAS, rue Ollivier Saint-Georges, 6 (bis.)
30. M. CLAVEL, rue Coquenard, 17.
31. M. FESSARD, rue du Mail, 12.
32. M. C. HABENECK, rue des Martyrs, 4.
33. M. NARGEOT, rue Bergère, 17.
34. M. DACOSTA, Faubourg-St.-Denis, 47.
35. M. A. ROPICQUET, rue Coquenard, 16.

36. M. PORET, au collège Louis-le-Grand.
37. M. Alphonse GILBERT, rue Mazarine, 3.
38. M. COUSTURIER, au collège Louis-le-Grand.
39. M. C. BRICE, passage Ste.-Marie, rue du Bac, 5.
40. M. MIEL ✠, rue Ste-Avoye, hôtel St.-Aignan, 57.
41. M. GOBLIN, cloître St.-Benoist, rue St.-Jacques, 14.
42. M. NAUDÉ, rue Montmartre, 119.
43. M. NORBLIN, rue du Buffault, faubourg Montmartre, 15.
44. M. Ed. MILLAULT, rue St.-Jacques, 153.
45. M. SCHEFFER, rue de Bellefond, 5.
46. M. LABADENS, rue Chabannais 5.
47. M. GOUFFÉ, rue de Navarin, 8.
48. M. GUÉRIN, rue de la Michaudière, 18.
49. M. GIRAC, rue Neuve St.-Georges, 9.
50. M. TETTARD, rue du Renard St.-Sauveur, 10.
51. Monsieur VIGAROSY, au collège Louis-le-Grand.
52. M. ALLIER ✠, impasse St.-Dominique d'Enfer, 6.
53. M. HEUDIER ✠, rue de Londres, 19.
54. M. NICOLLE, Grande rue Verte, 16.
55. M. DURAND, Grande rue Verte, 16.
56. M. Amédée RADUL, employé au ministère des finances, direction de la dette inscrite.
57. M Ch. de BEZ, rue St.-Lazare, 4.
58. M. Ch. PERSON, rue St.-Honoré, 108.
59. M. COURTIN, rue Montholon, 16.
60. M. Aug. SEURIOT, rue Monsigny, 1.
61. M. BENOIST, rue Laffitte, 14.
62. M. CLAUDEL, rue Lepeltier, 20.
63. M. BATTU, rue Ste.-Anne, 57.
64. M. L. DORUS, rue St.-Lazare, 7.
65. M. HENRICET, rue Hauteville, 43.
66. M. A. SAUZAY, faubourg Montmartre, 50.
67. M. URHAN, rue Richer, 3 (bis).
68. M. VERNIER, rue de Bondy, 24.
69. M. SCHNEIZHEOFFER, rue Neuve Coquenard, 21.
70. M. DIEPPO, rue Neuve Coquenard, 12.
71. M. TULOU ✠, rue des Martyrs, 10.
72. M. BARIZEL ✠, rue du faubourg Montmartre, 50.
73. M. H. LEUDET, rue du Ponceau, 28.
74. M. CHAFT, rue de la Tour d'Auvergne, 11.
75. M. DAUVERNÉ ✠, rue des Martyrs, 14.
76. M. DASBONNE, au collège Louis-le-Grand.

77. M. SABBATHIER, au collège Louis-le-Grand.
78. M DESMARETS, rue de Joubert, 13.
79. M. GAUTIER, rue du Petit-Carreau, 32.
80. M. CASTIL-BLASE, rue de Buffault, 9.
81. M. Auguste VENY, rue Coquenard, 14.
82. M. Ernest-de-MAREUSE, rue Royale, à Amiens, 15.
83. M VALLÉE, rue de Vaugirard, 4.
84. M. BIEN-AIMÉ, rue Dauphine, 20.
85. M. VIDAL, rue de Provence, 21.
86. M. HALEVY ✠, membre de l'institut, rue Grange-Batelière, à l'Académie Royale de musique.
87. M. ADVIER, rue du faubourg St-Jacques, 228.
88. M. MEIFRED, rue des Martyrs, 10.
89. M. R. de RIVALS, rue de l'Odéon, 38.
90. M. PECHIGNIER, rue Coquenard, 14.
91. M. Auguste LEVASSEUR, rue du faubourg St.-Honoré, 48.
92. M. Hyppolite FONTA, rue Bourbon-Villeneuve, 49.
93. M. BUTEUX, faubourg du Temple, 25.
94. M. F. HENRY, professeur au Conservatoire de musique, rue de l'Odéon, 38.
95. M. Ed. BOILLY, rue de Seine-St.-Germain, 6 (bis).
96. M. D. ALLARD, rue Neuve St.-Martin, 23.
97. M. Ed. LABORIE, rue Chabannais, 5.
98. M. BERLY, à la grande-poste.
99. M. POURCELET, à la grande-poste.
100. M. IGOUFF, à la grande-poste.
101. M. Amédée PASTER, à la grande-poste.
102. M. Fritz HABENECK ✠, chef d'orchestre de l'Académie Royale de musique, rue St.-Lazare, 48.
103. M. Jules PIERROT ✠, proviseur du collége royal de Louis-le-Grand, rue St.-Jacques.
104. M. le chevalier Henri BERTON ✠, membre de l'institut, etc., rue d'Enghien, 24.
105. M. QUENESCOURT, au collège Louis-le-Grand.
106 M. Louis DUSSIEUX, rue des fossés St.-Bernard, 32.
107. M. SCITIVAUX, de Provins,
108. M. DESAGES, rue Descartes, 44.
109. M. M. P. A. DREYFUS, rue de Bondi, 6.
110. M. CORMONT, rue St.-Louis, 88.
111. M. LANDOUZI, rue des Deux Écus, 1.
112. M. Léopold POURCELLE-D'ESTRÉES, à Amiens.
113. M. Edmond BREUIL, à Amiens.
114. M. Jules DENEUX, à Amiens.
115 M DURAN cour des Petites-Écuries, 16.

INTRODUCTION.

L'ouvrage publié en ce moment fut qualifié par l'une des plus illustres notabilités de l'Institut royal de France d'œuvre *patriotique musicale*. L'auteur n'en préjugea rien de plus pour cela du mérite d'exécution de son travail, mais il éprouva une vive satisfaction de ce que la pensée qui avait dicté son livre était comprise et de ce que le rapport fait à l'Académie royale des beaux arts de l'Institut sur cette production, faisant suite au *cours complet d'instruction musicale* soumis à l'examen de cette docte assemblée par ordre du ministre de l'intérieur qui l'avait invitée à lui faire connaître son opinion sur ce travail, confirmait le jugement favorable qui vient d'être précédemment énoncé; nous sommes autorisés à publier ce rapport que l'on trouvera ci-après.

Long-temps après l'époque où florissaient les écoles de musique gallo-belges et picardes, se formèrent successivement en Italie quatre grandes écoles, celle de Rome sous l'inspiration de *Palestrina*, né en 1529; celle de Lombardie qui compte parmi ses plus recommandables fondateurs *Monteverde*, de Crémone, né vers 1570; celle de Naples, qui eut pour fondateurs *Scarlatti*, né en 1650, et *Durante* surtout! né en 1693; et enfin celle de Venise, dont le chef principal fut *Benedetto Marcello*, né en 1686.

En Italie, les peintres divisés ainsi que les compositeurs en diverses écoles, ont eu plusieurs célèbres historiens; parmi les compositeurs un seul a eu cet honneur, ce fut *Benedetto Marcello*: en France les artistes n'ont point d'historiens.

Cette indifférence pour les arts, pour ceux qui leur ont religieusement consacré leurs veilles et tous les instants de leur vie, cette espèce d'insouciance pour l'une des plus riches comme des plus belles gloires de la France, ont à diverses reprises provoqué les pénibles réflexions de l'auteur; mais sans prétendre se charger de remplir une tâche qu'il regarde comme au-dessus de ses forces et qu'il considère cependant comme un devoir, sans se préoccuper des soins d'enseigner ce qu'il faudrait faire, il a cru plus à propos, plus utile, de faire connaitre ce qu'on a fait, désirant avec ardeur que cette tentative, tout incomplète qu'elle est probablement, excitât l'émulation des écrivains et les engageât à sacrifier quelques-uns de leurs loisirs à retracer l'histoire si digne d'intérêt des arts en France et des artistes qui les ont illustrés.

Quelques renseignements recueillis dans la cité même où jadis retentissait son nom et sa renommée, forment la matière de la notice sur *Palestrina*, l'un des plus anciens maîtres des écoles d'Italie.

Dans un ordre chronologique et rationnel, vient ensuite la traduction de la vie de *Benedetto Marcello*.

A cette traduction succède dans le même ordre la traduction de la méthode de chant de *Marcello Perino*, l'une des plus estimées des quatre écoles ultramontaines.

Viennent enfin à la suite quelques réflexions sur les usages du théâtre en Italie.

Ces quatre opuscules, réunis en un seul volume, auront peut-être droit, sinon à l'estime et à l'attention, du moins à la curiosité du lecteur. Ils s'adressent à toutes les personnes musiciennes, ou qui s'occupent par simple délassement de l'art de la musique, l'un des sept arts libéraux (1), et principalement à celles qui cultivent et aiment le chant.

---

(1) Cités par Millin dans son dictionnaire des beaux-arts, mais qu'il ne nomme point.

Palestrina et *Marcello* vivaient dans des temps où la musique vocale était la seule que l'on connût, que l'on pratiquât, la seule pour laquelle les compositeurs écrivissent ; il est inutile, je pense, d'expliquer le but d'une méthode de chant ; les observations sur les usages du théâtre en Italie s'appliquent, pour la majeure partie, au chant ; il est donc évident qu'avec une dissemblance apparente, ces quatre productions dont l'esprit tout national, tout français qu'il est, n'en rend pas moins aux écoles d'Italie la plus éclatante et la plus complète justice, ont entre elles un rapport immédiat et une connexité bien réelle.

Si l'auteur s'est permis quelques critiques un peu vives sur quelques travers qu'il a cru remarquer ici comme ailleurs, il croit du moins ne s'être point écarté des bornes de la bienséance et de la politesse, et dans ce cas, il espère trouver grâce devant les lecteurs dont il paraîtrait fronder les opinions particulières.

Déjà un littérateur plein de jeunesse, de savoir et d'avenir, M. Louis Dussieux, a publié sous le titre de l'*Art considéré comme le symbole de l'état social*, un écrit qui fait autant d'honneur à ses lumières, à la persévérance de ses recherches, qu'à la pureté de son jugement et de son goût.

Déjà nous savons que d'autre part une histoire de la musique française, dont la publication suivra

de près celle-ci, se prépare laborieusement en silence.

Espérons que les lettres ne renieront pas les arts
et qu'elles concoureront à faire enfin sortir de l'oubli les noms de tant d'artistes qui pouvaient se
croire le droit de mieux attendre de la postérité.

C'est le vœu de l'auteur : ce doit être celui de
quiconque aime son pays et s'intéresse à sa gloire.

Institut de France.

ACADÉMIE ROYALE DES BEAUX-ARTS.

———

LE SECRÉTAIRE PERPÉTUEL DE L'ACADÉMIE certifie que ce qui suit est extrait du procès-verbal de la séance du samedi 3 mars 1838

MESSIEURS,

Vous avez déjà donné votre approbation aux deux premiers volumes du cours complet d'instruction musicale de M. Blondeau; le troisième et dernier livre vous a été adressé par M. le ministre de l'intérieur avec invitation de l'examiner; vous avez chargé votre section de musique de cet examen; elle vient donc aujourd'hui vous communiquer le rapport qu'elle a fait sur cet objet.

M. Blondeau, en 1808, eut l'honneur d'obtenir la palme du grand prix musical. Élève de Méhul, on retrouve dans tout l'ouvrage la pureté des principes de ce grand et docte maître. Le premier volume est intitulé : Principes élémentaires de musique; le second : Essais sur l'harmonie; et le troisième : Manuel de composition musicale en cinq sections, savoir : du contrepoint simple à deux, trois, quatre et cinq parties; des cinq espèces sur le plain-chant; des imitations à tous les intervalles en dessus et en dessous; du contrepoint double à l'octave; du contrepoint triple; du contrepoint quadruple; du contrepoint à la dixième; du contrepoint à la douzième; des canons terminés, perpétuels, en écrevisse ou rétrogrades; et enfin de la fugue en général à deux, 3, 4, 5, 6, 7, et huit parties, ou à deux chœurs. Ce troisième volume est suivi d'une revue musicale en quatre parties (1).

Nous avons déjà dit que vous aviez donné votre approbation aux deux premiers volumes de M. Blondeau; le 3ᵉ n'étant qu'une conséquence des principes émis dans les deux premiers et mis en pratique avec habileté et surtout avec lucidité, première condition, selon nous, de toute œuvre didactique, nous avons pensé que ce serait une chose juste et utile à l'art que de vous proposer d'accorder votre honorable approbation à notre rapport.

Signé à la minute : CHERUBINI, PAËR, HALEVY, CARAFA, BERTON rapporteur.

L'Académie adopte les conclusions de ce rapport.

Certifié conforme
LE SECRÉTAIRE PERPÉTUEL

QUATREMÈRE DE QUINCY.

---

(1) C'est sous le titre de *Revue musicale en quatre parties*, que fut soumis à l'examen de l'Institut de France l'ouvrage qui est en ce moment offert au public. Des observations fondées ont engagé l'auteur à substituer le titre de *Méthode de chant*, à celui qu'il avait précédemment et qui a paru plus approprié au genre et au caractère de cette production.

NOTICE

SUR PALESTRINA,

SUR SES OUVRAGES,

SUR SON ÉPOQUE, SUR SON STYLE.

NOTICE

SUR PALESTRINA.

La tâche de l'historien, suivant mon opinion et comme je la comprends, est fort difficile à remplir d'une manière satisfaisante pour les lecteurs; c'est une mission de probité, d'impartialité, de calme, de justice, de haute raison; à ces nombreuses et indispensables qualités il faut encore joindre un grand discernement, savoir distinguer ce qui est vrai de ce qui est faux, mettre en lumière ce qui est important, utile, intéressant sous quelque rapport, savoir dégager la narration des détails oiseux, insignifiants : à moins qu'ils ne servent de liaison à des faits qui, sans eux, paraîtraient incohérents. Il faut de plus que l'écrivain s'efface entièrement, qu'il s'annihile, qu'il ne s'occupe que de son héros, des faits qui lui sont directement ou indirectement relatifs, qu'il se garde surtout de lui prêter son langage, de mettre ses propres idées, ses jugements dans la bouche du personnage dont il a eu l'intention de se rendre l'interprète, sous peine, dans le cas contraire, d'être promptement démasqué et de n'inspirer aucune confiance. Son style doit être correct, simple, concis, sans enflure, sans recherches affectées, décent et noble à la fois.

Avant de prendre la plume, l'historien doit s'entourer de tous les documents relatifs à son sujet, les comparer, les méditer, en peser l'authenticité et ne les admettre que lorsqu'il croit avoir la certitude qu'il peut leur accorder une pleine confiance.

D'après ce qui vient d'être dit et sachant parfaitement que je ne puis remplir que difficilement les conditions que je viens d'énumérer, il deviendra de toute évidence que j'ai dû me garder de tenter d'écrire l'histoire de Palestrina, l'une des premières célébrités musicales de l'Italie, et peut-être véritablement la première, et que j'ai dû me borner à tracer une courte notice sur ce grand compositeur : grand surtout pour cette époque où l'art était si loin des développements et des perfectionnements qu'il a reçus depuis lors jusqu'à nos jours. Je ne puis offrir que quelques renseignements recueillis çà et là, joints aux réflexions nées du petit nombre de compositions de Palestrina qu'il m'a été possible de me procurer, même en Italie où ses œuvres sont rares.

Palestrina est une ancienne ville d'Italie, dans la campagne romaine, à huit lieues de Rome ; on la nommait autrefois *Préneste*. Jean-Baptiste Pierre *Aloïs*, qui reçut le jour dans cette cité en 1529, prit, comme c'était l'usage dans ce temps, le nom de sa ville natale : depuis, il ne fut plus connu que sous ce nom de *Palestrina* ; on l'appelait quelquefois aussi le *Prenestino*, du nom qu'avait autrefois porté le lieu de sa naissance ; il mourut en 1594. Il naquit de parents fort pauvres et obscurs. Sa vocation naturelle l'entraînait vers l'art de la musique qu'il étudia de bonne heure sous un maître de l'ancienne école gallo-belge qui fut long-temps célèbre avant qu'il y eût une école Italienne : ce maître se nommait *Gaudimel*, ou *Gaudio-di-Mel*, ce qui est probablement la même chose. L'étendue et la puissance de son génie ne tardèrent point à le faire placer au premier rang, où il reçut bientôt le titre de Prince de la musique, comme l'obtint environ un siècle et demi après Benedetto-Marcello, né à Venise en 1686.

Le premier ouvrage marquant de Palestrina fut une messe à six voix, qu'il fit exécuter avec un succès complet, en 1555, devant le pape Marcel, qui en fut si satisfait qu'il révoqua l'ordonnance par laquelle il bannissait la musique des églises, et n'admettait plus que le plain-chant. Cette ordonnance, qu'il avait formulée, pressé qu'il était par de nombreuses sollicitations, et qui était sur le point d'être publiée, était motivée par le mauvais goût, l'inconvenance des compositions que l'on faisait entendre dans les lieux destinés aux cérémonies du culte. Cette messe sauva donc la musique d'un sanglant affront, d'une expulsion honteuse, telle qu'on la ferait subir à une personne de mauvaises mœurs que l'on chasserait sans pitié du sein d'une société respectable.

Cette œuvre a conservé le nom de *messe du Pape Marcel*. Ce pontife chargea Palestrina de composer divers autres morceaux pour sa chapelle, mais malheureusement il ne régna que peu de jours. Toutefois, son successeur Paul IV lui conserva la même protection et le même emploi. En 1562, il fut nommé maître de chapelle de Ste-Marie Majeure, et en 1571, il succéda en cette qualité à *Animuccia* qui était maître de chapelle à St-Pierre. Sa méthode, son style prévalurent alors complétement et firent oublier entièrement les maîtres français et flamands dont les compositions étaient les seules en vigueur dans toute l'Europe. Il fut enterré à Rome dans l'église St-Pierre qu'il avait enrichie d'un très grand nombre de savantes compositions. Ses funérailles furent célébrées avec

pompe ; une foule immense suivit son convoi ; on
plaça sur son tombeau , au pied de l'autel de St-
Simon et St-Jude , l'inscription suivante que l'on
y voit encore :

JOANNES PETRUS ALOYSIUS

PALESTRINA

MUSICÆ PRINCEPS.

Palestrina est regardé comme le chef de toute
l'ancienne école italienne , pour le genre de la
musique d'Église , le seul que l'on cultivât alors.
Il fut pour cette école ce qu'avaient été antérieurement *Josquin* , pour l'école flamande ; ce que fut
postérieurement Durante , pour l'école moderne ;
Haydn , pour la musique instrumentale ; Mozard,
Gluck , Beethowen et leurs dignes émules , dont
quelques-uns vivent encore , pour la musique dramatique : genre totalement inconnu aux anciens et
qui l'est encore , ou à peu près , aux modernes
Italiens. La grâce , la majesté , la pureté de modu-
lation, de mélodie , étaient, suivant toutes les traditions , les caractères distinctifs de son génie que
soutenait une parfaite connaissance des règles les
plus sévères de l'art. Il perfectionna le vieux contrepoint des Flamands et des Français à tel point
que ce genre lui devint propre en quelque sorte ,
et que le style à la Palestrina devint en même temps
proverbial.

Douze recueils sortis de sa plume ont été imprimés à Rome et à Venise, non compris tout ce qui existe en manuscrit de ce compositeur fécond ; ce sont : la messe du Pape Marcel qui a été citée plus haut (1555) ; douze livres de messes, à quatre, cinq, six, sept et huit voix ; deux livres de motets, à quatre voix ; quatre autres livres de motets ; deux livres de madrigaux, à cinq voix ; deux livres de madrigaux, à quatre voix ; des hymnes pour toute l'année, à quatre, cinq et six voix ; deux livres d'offertoires, à cinq voix ; un magnificat ; un livre de litanies, à quatre voix ; un livre de messes ; un autre semblable publié à Rome en 1659.

Un sieur Burney possède, dit-on, beaucoup de morceaux manuscrits de ce célèbre auteur. On affirme que ses œuvres sont fort rares en France ; pour moi, je puis attester qu'elles le sont également en Italie ; car, durant quatre années de séjour sans interruption, je ne me souviens pas d'avoir aperçu une page imprimée de Palestrina.

J'ai fidèlement rapporté tout ce que j'ai pu recueillir sur les ouvrages de ce Patriarche de l'art musical ; j'aurais voulu pouvoir donner quelques renseignements sur les moyens d'exécution usités à cette époque ; mais aucune lumière de quelque valeur n'est venue jusqu'à moi.

Alors, comme aujourd'hui, on écrivait pour des

voix, pour des voix seulement! L'accompagnement, le sens, la raison, la parole, l'intérêt dramatique qu'elle est appelée à développer, tout, en
un mot, est subordonné à cette puissance ; on ne
saurait décemment le nier; d'où il résulte que, dans
quelque situation que ce soit, le personnage, la
scène disparaissent : le *chanteur* seul domine et gou-
verne, parce qu'on ne veut ou ne peut rien décla-
mer, parce qu'on veut tout chanter, toujours et
partout, non pas que ce soit par un amour exclusif du chant qu'il faudrait d'abord bien comprendre, mais par un engouement fanatique, aveugle,
irréfléchi pour tel chanteur ou pour telle chanteuse.

Jusqu'à la fin du quatrième siècle de l'ère chrétienne, la musique fut dans un état aussi complet
d'obscurité que l'est pour les modernes celle des
anciens. S. Ambroise, archevêque de Milan, qui
vivait à la fin du quatrième siècle, tenta de lui
donner une constitution fixe; on a même de lui le
cantique du *Te Deum*. S. Grégoire, pape, qui vivait environ deux cents ans plus tard, lui en donna une nouvelle qui prévalut sur celle d'Ambroise.

Au milieu de toutes les vicissitudes de ces temps
orageux, on comprend que les arts en général, et
la musique en particulier, devaient être dans un
fâcheux état d'anarchie et de stagnation. Le chant
d'église, espèce de psalmodie, était le seul que l'on
pratiquât, jusques au règne de Pepin, père de

Charlemagne, époque à laquelle (757) Constantin Copronyme, empercur d'Orient, fit don à la cour de France du premier orgue qui ait été connu en Occident; Pepin en fit présent à l'église de S. Corneille de Compiègne. Cet instrument, très borné alors, fut singulièrement goûté; on se hâta de l'imiter, et il se répandit promptement dans toutes les églises de France, d'Allemagne, d'Italie, d'Angleterre. Son apparition exerça une très grande influence sur les progrès que fit depuis la musique; jusques au règne de Pepin, disais-je, aucune notion saisissable n'est venue m'éclairer sur la nature, le nombre des instruments en usage pour l'accompagnement des voix non plus que sur le système harmonique et sur celui de la composition pratiqués alors. Je dois croire qu'avant le onzième siècle (en 1022), avant l'époque du bénédictin du monastère de Pomposa, de Guido, né à Arezzo, petite ville de Toscane, il n'y avait aucun système régulier, fixe, et que les compositions antérieures à ce temps n'étaient au plus que l'imitation de quelques traditions informes que les efforts tentés à différentes reprises n'avaient que peu ou point améliorées. La musique ne se composait donc que de plain-chants, espèces de cantilènes sans rhythme, sans mesures, que l'on exécutait à l'unisson ou à l'octave, ainsi que le firent probablement les anciens. C'est à ce même Guido d'Arezzo que l'on doit

la portée, la régularisation de la gamme, qui doit
ce nom à l'un des signes de l'Alphabet grec appelé
Gamma qu'il employait pour l'indiquer, et enfin
la notation actuelle, ou à peu près, qu'il substitua
aux chiffres et aux lettres de ses devanciers. Ce ne
fut qu'après l'introduction de l'orgue dans toutes
les églises de l'Europe que l'on hasarda quelques
intervalles entre le chant et l'accompagnement qui,
jusque-là, avait constamment suivi les voix à l'unisson. Le premier intervalle que l'on adopta fut, selon
toute apparence, la tierce mineure; puis vinrent
ensuite la tierce majeure, les sixtes mineures et
majeures et les quintes, mais lentement, à de
longs intervalles de temps. Enfin de tout ceci il
résulta un commencement de système harmonique
composé de consonnances seulement. Ce n'est donc
que postérieurement à cette époque qu'a pu naître
le système de contrepoint diatonique rigoureux,
né à peu près à l'époque où vivait Guido d'Arezzo,
qui n'en fut point l'inventeur, bien qu'il en parle
un des premiers. La difficulté qu'il y avait à faire
marcher ensemble le chant et l'accompagnement
fit sentir la nécessité d'une mesure régulière, à laquelle on dut plus tard un rhythme aussi régulier.
Un nommé Franco ou Francus de Cologne ou de
Paris, on ne sait au juste, écrivit, dit-on, beaucoup et de fort bonnes choses sur cette matière.
Ceci nous reporte à l'année 1066, époque de la

conquête de l'Angleterre par Guillaume de Normandie, dit le Conquérant. Depuis la naissance du système du contrepoint jusqu'à la fin du quinzième siècle, cette science demeura dans l'enfance et dans l'obscurité la plus absolue : on n'a même jusqu'à cette époque aucune notion sur son état. Ce n'est que sous le règne de Louis IX, roi en 1226, que l'on ajouta une cinquième ligne à la portée qui, antérieurement à cette époque, n'en comptait que quatre. Toute l'ancienne musique écrite ainsi sur quatre lignes est difficile à comprendre ; il faut en avoir la clef et l'habitude ; ce qui est assez naturellement du domaine des gens d'église et des érudits. A la fin du quatorzième siècle, on commença à déterminer les différentes valeurs des notes, les silences qui devaient les représenter ; plus tard encore ces divers signes prirent les dénominations sous lesquelles nous les connaissons maintenant. Un nommé Gafforio de Lodi, maître de chapelle (1484) de la cathédrale de Milan, professeur à l'École publique de musique fondée en cette ville par L. Sforza, a fait un ouvrage important, imprimé à Milan en 1496 : c'est l'un des premiers ouvrages sur la musique qui fut publié par la voie de l'impression. Ce livre fait une véritable époque dans l'histoire de l'art ; il est divisé en quatre parties : la première traite de l'harmonie, que l'on entendait encore alors différemment que nous ;

la seconde partie traite du chant mesuré, que l'on connaissait à peine; la troisième traite du contre-point; la quatrième des proportions musicales: cette dernière partie aurait besoin d'un commen-taire explicatif. La troisième partie qui est en quinze chapitres, renferme huit règles sur la succession des consonnances, et nous apprend que dans ce temps on commençait à introduire dans la musi-que des dissonnances, puisqu'elle traite cette ma-tière au quatrième chapitre avec quelque étendue.

Peu après, on commença à distinguer la musi-que en *spirituelle* (ou sacrée), que l'on désignait sous le nom de *motet*, et en *mondaine* (ou pro-fane) que l'on appelait *cantilena*. On se servait déjà de la forme nommée *canon*, à laquelle on ap-pliquait aussi le nom de *fugue*. L'invention du canon et de la fugue eut un succès général et pro-digieusement rapide, à tel point que l'art du con-trepoint parut une science toute nouvelle.

Ce n'est que vers le dix-septième siècle que l'u-sage devint général et communément adopté de barrer toutes les mesures d'un morceau de musi-que, ainsi que nous le pratiquons maintenant. La forme des notes rondes, au lieu des carrées usitées autrefois, date aussi de la moitié de ce même dix-septième siècle. De tous les modes, plus ou moins obscurs, plus ou moins perceptibles pour l'oreille, usités par les anciens, grecs d'abord, ecclésiastiques ensuite, barbares après, modernes plus tard, la musique de nos jours n'en a retenu que deux bien positifs, bien distincts; l'un majeur, dont le type naturel est : *ut*, *ré*, *mi*, *fa*, *sol*, *la*, *si*, *ut*; *ut*, *si*, *la*, *sol*, *fa*, *mi*, *ré*, *ut*; l'autre mineur, dont le type naturel est : *la*, *si*, *ut*, *ré*, *mi*, *fa* ♯, *sol* ♯, *la*, *la*, *sol* ♮, *fa* ♮, *mi*, *ré*, *ut*, *si*, *la*. Ce système des modes n'a pas deux cents ans de date, selon toute apparence à l'heure où j'écris (1839), et il est devenu cependant aussi général qu'exclusif, à ce point qu'il est permis de douter que quelqu'autre que ce soit puisse être adopté, ou même compris, à moins d'un bouleversement complet dans les idées reçues. Il paraît que cette tonalité a été décidément fixée par l'École de Naples, au temps de Durante, né en cette ville en 1693.

Cette révolution dans les *modes* en amena nécessairement une dans la mélodie, dans l'harmonie, dans le contrepoint, enfin dans le système musical entier. Un nommé Monteverde, vers 1590, créa l'accord de la septième dominante et celui de la neuvième, sans préparation : le premier, il admit au nombre des accords parfaits celui de *quinte diminuée*. On arriva alors à ne reconnaître que trois harmonies essentielles : celle de la tonique, celle de la sous-dominante et celle de la dominante. Le même Monteverde introduisit encore dans la composition les dissonnances doubles et triples, et les accords diminués et altérés (Monteverde naquit à Crémone vers 1750). Ce fut dans ce même temps qu'un nommé Viadana, de Lodi, imagina de donner à la basse vocale une basse instrumentale différente, bien que jusque-là les deux basses marchassent à l'unisson.

Les gens qui tenaient aux vieilles coutumes se récrièrent contre toutes ces innovations ; mais l'usage força la théorie à les sanctionner : c'est au surplus la marche et le résultat ordinaires. Viadana (Ludovic, de Lodi dans le Milanais, né au commencement du XVIIe siècle) est encore l'inventeur de la numération harmonique, ou des chiffres placés sur la basse pour indiquer les accords qu'elle devait porter.

Trois hommes, Berardi, Bononcini, Gasparini, qui écrivirent à la fin du XVIIe siècle et le commencement du XVIIIe, fixèrent à peu près la science au point où elle est arrivée jusques à ces derniers temps où de nouvelles lumières amenèrent de nouvelles améliorations. Rameau, Français d'origine, vers le commencement du XVIIIe siècle, soutint que toutes les règles suivies jusques à lui étaient autant de traditions absurdes, et à ces traditions il substitua un système qui ne subsista guère plus que lui, quoiqu'il ait eu beaucoup de crédit de son vivant. Jusqu'ici, le Traité d'harmonie de Catel, professeur du Conservatoire de Paris, est l'ouvrage élémentaire d'harmonie le plus clair, le plus concis (peut-être même est-il par trop concis.....), le plus classique qui ait été publié jusqu'à ce jour. Il en existe aussi un de M. Berton, de l'Institut, fort estimé.

Dès les XVe et XVIe siècles, on ne chercha plus qu'à faire briller la science des compositeurs et les voix des chanteurs. Le scandale fut porté à un tel excès que le concile de Trente délibéra s'il ne serait pas opportun de supprimer la musique dans les églises. L'abus fut porté à son comble et déféré au pape Marcel, dont il a été parlé au commencement de cet opuscule. Palestrina parut : le reste a été expliqué, autant du moins qu'il m'a été possible de le faire.

Avant de me permettre de parler des ouvrages d'un des premiers maîtres de l'ancienne école italienne, j'ai essayé de me rendre compte de l'état de la musique dans les temps antérieurs, de connaître la marche de ses progrès , son degré d'avancement au temps de Palestrina , enfin de l'époque où elle a pris son dernier degré d'accroissement. On a pu voir, pour ainsi dire, naître, croître, grandir et arriver à son développement à peu près complet, développement qui ne fut achevé qu'au commencement du XVIIIe siècle, la musique telle que nous la voyons aujourd'hui. J'ai souhaité, avant de me permettre de publier les remarques qu'il m'a été possible de faire, établir le terrain sur lequel je devais me placer.

De cette position, il m'a été possible de comparer les divers états de cet art encore assez nouveau, de mettre en parallèle la musique italienne ancienne avec la moderne ; ce qui m'a été facile, ayant séjourné pendant plusieurs années dans ce pays ; je ne présente, au surplus, mon opinion que comme un simple énoncé de ce que j'ai vu et entendu.

Le préjugé général des Italiens est que leur musique est parfaite, et de plus, qu'elle est la seule bonne. Je ne parle point ici des personnes éclairées, de celles surtout qui ont voyagé et séjourné en France ou en Allemagne. Il est presqu'impossible de se former un jugement d'après celui des peuples de l'autre côté des Alpes, puisqu'ils ignorent, pour la plupart, jusques aux noms des grands maîtres des écoles étrangères, et même de ceux qui ont illustré la leur ! Ce préjugé les entraîne à blâmer indistinctement ce qu'ils ne connaissent point, ou ne prennent pas la peine de comprendre, et à condamner, hardiment comme mauvais tout ce qui n'est point Italien.

Pour juger, il faut comparer ; pour comparer, il faut connaître à fond, avoir une idée nette, dépouillée d'aveugles préventions, des objets comparables, entre eux ; privé de ces élémens principaux et indispensables, le jugement est souvent sujet à l'erreur; c'est du moins ce que je suppose.

Les théâtres, les concerts publics ou particuliers prouvent malheureusement que l'art, dans ce pays, n'est point en progrès; l'extrême médiocrité de l'exécution, soit vocale, soit instrumentale et de cette dernière surtout, rend encore plus palpable la distance qui sépare les modernes Italiens de leurs maîtres.

Il suit de là que pour établir une juste appréciation de leur école, il faut perdre un temps considérable à écouter de vagues assemblages de sons vides de sens avant de rencontrer un ouvrage, un morceau, que l'on puisse entendre avec un véritable plaisir et que l'on puisse étudier avec fruit.

Les églises seules conservent de beaux restes de la gloire dont jouit cet art en Italie. C'est là où, riche encore de magnifiques ruines, elle étale des trésors que les caprices bizarres et fantasques de la mode, le mauvais goût toujours croissant, n'ont point encore défigurés ; c'est là que l'on retrouve les vrais modèles de la mélodie italienne, de la manière noble, pure, simple, de rendre l'accent dramatique de la parole ; c'est dans les églises enfin et dans les bibliothèques qu'il faut consulter les maîtres qui ont fondé et illustré l'école italienne, tels que Palestrina, (Marcello Benedetto), Duranté, Jomelli, Pergolese, Martini, Matteï, etc.

Mais tout ce qui sort du beau genre religieux est singulièrement déchu ; ceux mêmes qui ont voulu, parmi les modernes, écrire pour l'église, sont loin d'avoir compris toute la hauteur de la mission qu'avaient si dignement remplie leurs devanciers.

Cet instinct national, cette organisation naturelle, toutes ces grandes qualités si hautement vantées par quelques voyageurs, ne m'ont pas paru justifier les pompeux récits qui m'en avaient été faits, ou que j'avais pu lire ; les chants populaires, ceux que j'ai entendus, que j'ai pu recueillir, n'ont pas une physionomie bien saillante ; et affirmer, comme on le fait, qu'ils sont cent fois préférables à ceux de France, ce serait dire tout au plus, à mon avis, qu'ils sont un peu moins insupportables. La supériorité demeure tout entière aux voix, qui sont, comme je l'ai déjà plusieurs fois dit ailleurs, préférables aux nôtres par toutes les raisons de supériorité de climat que j'ai longuement développées dans mes notes sur la vie de Marcello (voyez dans ces notes, celle sous le n° 8, page 39). Pour recueillir ces chants populaires, il faut suivre à la piste ceux qui les savent et noter leurs cris au hasard ; quant aux traditions, il est presque impossible de s'en procurer, attendu l'extrême ignorance du peuple et la difficulté de comprendre les divers dialectes qui se parlent depuis le pied des Alpes jusques en Sicile : dialectes étrangers l'un à l'autre, essentiellement différents de la langue italienne proprement dite, et qu'il faudrait étudier par une longue pratique pour se familiariser avec chacun d'eux ; une année de séjour dans chaque province suffirait à peine pour en acquérir l'entière connaissance. Beaucoup d'Italiens m'ont dit ne pas savoir écrire la langue de leur pays natal, et une grande partie de la nation ne comprend point les poëtes : le Dante surtout! qui pour les personnes lettrées même est déjà surchargé de notes explicatives.

Dès long-temps les compositeurs italiens, mus par je ne sais quel inconcevable entraînement, ont abandonné la carrière ouverte par les pères de leur école. On ne trouve maintenant dans leurs compositions qu'un seul genre : le bouffon ; qu'un seul style : le gracieux ; qu'un seul élément de succès : les voix; on ne trouve, dis-je, aucun rapport entre la situation, la parole, le personnage et la musique; chaque morceau d'un opéra est composé isolément, sans égards pour ce qui doit suivre, ou pour ce qui précède, comme si c'était un tout sans aucune relation ; de là, nulle couleur dramatique dans la peinture des passions, nulle cohérence, nulle opportunité entre les idées poétiques et les idées musicales. Il suffirait de citer pour exemple le plus bel ouvrage, sans aucun doute, de l'école italienne du dix-huitième siècle : le *Mariage secret*, composé à Vienne par Cimarosa. Dans cet opéra, abondant en morceaux distingués, il en est un, très beau d'ailleurs, où l'on trouve ces paroles de la demoiselle, mariée en secret, à sa famille : *ah voi siete tanti cani, sanz amor ne carità,* ce qui veut dire en bon français : Ah ! vous êtes autant de chiens, sans amour ni charité. Cette phrase, toute choquante qu'elle est, semble encore moins étrange que la phrase musicale construite sur ces mots, phrase gracieuse et d'un mouvement lent, ce qui présente un assemblage de contre-sens plus révoltants les uns que les autres.

La musique moderne, réduite à un seul genre, tombe nécessairement dans la monotonie, la fadeur; et, renfermée dans des bornes étroites, retombe sur elle-même, se répète à satiété d'une manière insignifiante, et au lieu d'être l'accent du sentiment, n'est plus que l'imitation du gazouillement des oiseaux.

Ce genre, tout en possession de plaire qu'il puisse être, a le grand inconvénient d'inspirer de la négligence et presque du dédain pour la science, en la rendant inutile ; en effet, qu'est-il nécessaire de se familiariser avec toutes les difficultés du grand art d'émouvoir par les sons, si l'on se borne à l'emploi de ses ressources préliminaires ? il s'en suit qu'en n'employant qu'une seule couleur, on n'a ni opposition, ni effet ; car on n'obtient d'effet et d'opposition que par les contrastes.

Les antagonistes d'une science qui leur est étrangère, répètent souvent: qu'est-ce que la science sans le génie ? On pourrait peut-être leur répondre, non sans quelque fondement: qu'est-ce que le génie sans la science ? ce qu'est une perle au fond de la mer.

Cependant, du contraste frappant qui se manifeste entre cette manière toute suave et celle des écoles de France et d'Allemagne, il résulte un grand bien; celui de former par degrés une heureuse alliance entre les diverses ressources, et d'enseigner à marier les grâces de l'une avec la dramatique et la profonde théorie des deux autres ; c'est ainsi, je crois, que l'on peut éviter de tomber dans les excès de la fadeur, du papillotage, de la nullité, ou du pédantisme, en faisant avec discernement un juste emploi de toutes les couleurs étalées sur une si riche palette. Sous ce point de vue, on ne peut que rendre grâce à l'institution des grands prix de composition musicale décernés par l'Institut royal de France qui envoie les lauréats passer quelques années en Italie aux frais de l'État. Là, libres de tout souci, dégagés des liens de l'école, séparés de leurs habitudes d'enfance et de classe, respirant un air pur, sain, sous l'un des plus beaux ciels du monde, dans la patrie des arts, entourés des chefs-d'œuvres de tous les grands maîtres de tous les temps, ils doivent se retremper, acquérir,

pour ainsi dire, une nouvelle existence, et conso-
lider des talents destinés à honorer un pays où l'on
ferait quelque chose pour eux, où toutes les places,
les faveurs, les encouragements, ne seraient pas
exclusivement la proie des étrangers, du monopole;
et où l'on songerait enfin qu'ils sont les enfants de
la patrie et qu'on leur doit une existence, méritée
par leurs travaux, leurs talents, avant de sacrifier
à la faveur ce qui devrait être, avant tout, leur
récompense.

J'ai lieu de craindre que la tâche de rendre compte des ouvrages de Palestrina ne soit au-dessus de
mes forces; l'analyse, je l'ai déjà dit, exige des
conditions difficiles à remplir. L'expérience peut
seule apprendre à faire la part consciencieuse de
justice à rendre à toutes les espèces de mérite selon
les temps et les lieux. Toutefois, j'acheverai ce que
j'ai commencé; j'ose croire que l'on n'y verra
qu'une nouvelle preuve de mon zèle à soutenir la
cause de notre magnifique école et celle de mes
compatriotes, trop souvent méconnus et dédaignés.

J'ai dit la naissance de Palestrina, l'éducation
musicale qu'il reçut d'un maître flamand : j'insiste
sur ce point, c'est-à-dire que les écoles musicales
de France et de Flandre jouirent long-temps avant
celles d'Italie d'une juste considération : c'est à ses
sources que les Italiens puisèrent leurs premières
instructions musicales. La messe que Palestrina

fit pour le pape Marcel II le tira de l'obscurité où l'avait long-temps retenu son indigence. Dans cette merveilleuse période de temps il suffisait d'avoir du mérite pour parvenir à la réputation, à l'estime et à la-fortune : tout est bien changé !...

J'aurais voulu pouvoir me procurer des notions plus étendues sur sa personne, sur ses ouvrages que j'ai déjà en partie énumérés; mais il ne m'a pas été possible d'y réussir; une seule personne possède les renseignements qui m'auraient été nécessaires; mais se disposant à publier une histoire détaillée de ce chef de toute l'ancienne école italienne, elle n'a pas dû céder aux instances que je lui fis faire de me les communiquer.

La rareté des œuvres de Palestrina en Italie, à l'époque du moins où j'en faisais la recherche, m'a placé dans la nécessité de me borner à rendre compte des seuls qu'il m'ait été possible de rencontrer et d'examiner à loisir : c'est à la vérité l'un des recueils les plus généralement estimés; c'est celui de ses offertoires.

Je les examinerai sous les différents rapports du génie, de l'accent dramatique, de la science et du style.

Ces offertoires, qui m'ont été communiqués en manuscrit écrits, m'a-t-on dit, de la main même de l'auteur, ce qui ajoutait à leur examen un très vif intérêt; ces offertoires, dis-je, forment un recueil de seize morceaux à cinq voix et fugué.

En général, le génie a peu de part à ce genre de composition ; j'entends ici ne parler que du génie d'invention, du génie créateur, que rien ne restreint et dont les éclairs échauffent le sujet dont il s'est pénétré. Le génie de la fugue, comme je le comprends, diffère essentiellement de celui dont je viens de parler ; sa marche est calculée, méthodique, scolastique ; il consiste tout entier dans la connaissance approfondie et bien entendue des ressources que l'on peut tirer d'un sujet donné et de toutes les faces sous lesquelles on peut tour à tour le reproduire.

Sous ce point de vue, ces offertoires m'ont paru plutôt des morceaux d'imitation que des fugues. D'abord, les motifs n'ont point de réponse exacte ni pour le ton, ni pour la durée du sujet. Il n'y a point de contre-sujets, point de canons de pédales, de stretto ; il n'y a pas d'autres imitations que celles des sujets se répondant à eux-mêmes par une, ou deux mesures empruntées à ces mêmes sujets, placées dans des tons différents et à des distances tout à fait irrégulières. Je n'ai donc pas pu considérer ces morceaux comme des fugues, puisque rien de ce qui constitue la fugue ne s'y trouve.

L'accent musical de ces morceaux, qu'ailleurs on appellerait accent dramatique, est grave, simple, mais touchant et dans l'esprit et le style reli-

gieux qui convient aux lieux auxquels sont destinées ces sortes de compositions.

Sous le rapport de la science, cet ouvrage se
rattache plutôt à un bon système d'harmonie bien
liée, bien syncopée, bien écrite, d'un bon choix,
qu'aux combinaisons sévères, rigoureuses même
du contrepoint diatonique; toutefois, on croit savoir que Palestrina en avait une connaisssance
très grande, et ce recueil le ferait penser aisément;
car ses cinq voix marchent constamment ensemble
sans se confondre, et observent strictement la règle
prescrite de ne point dépasser en dessus ni en dessous la portée de cinq lignes afin que chaque caractère de voix soit toujours renfermé dans son
diapason véritable et spécial.

Un précepte, qui n'a pas moins d'importance,
et qui est moins scrupuleusement observé est celui
qui défend de faire succéder l'une à l'autre deux
tierces majeures de suite en montant; succession
vicieuse autant que celle de deux quintes, pour
les raisons que j'ai données ailleurs et que l'on
doit comprendre; ensuite parce qu'elle amène la
fausse relation de triton, que l'on prétend pouvoir
faire disparaître dans des parties intermédiaires
mais qui n'existe pas moins, qui est fautive et d'un
mauvais effet, cela est incontestable.

Le style de Palestrina fit une espèce de révolution à cette époque encore assez barbare où le mau-

vais goût exerçait un souverain empire. La sensation fut si grande qu'elle sauva l'art de la proscrip-
tion ; comme je l'ai rapporté au commencement
de cette notice, il passa, et demeura encore en
proverbe que cette manière de faire se désigne sous
le titre de style à la *Palestrina*, bien que deux
siècles et plus se soient écoulés depuis le temps où
florissaient ce maître célèbre et son école.

Palestrina la fonda alors qu'un compositeur habile ne dépendait pas de la bizarre fantaisie des
chanteurs ou des chanteuses qui n'étaient que les
ministres respectueux des ordres du génie ; dans
cet heureux temps l'artiste donnait à ses ouvrages
la physionomie qui convenait à chaque situation,
à chaque personnage, suivant ce que lui fournis-
saient sa raison, son talent, ses inspirations, sans
être soumis à des exigences ; à des caprices. Alors
il concevait, dictait, et l'on exécutait. C'est à cette
féconde époque que l'on dut les œuvres de Palestrina : puis, vinrent ensuite les hommes auxquels
il avait servi de modèle, tels que Pergolèze, Duranté, Jomelli, Allegri, Marcello, Martini, Mat-
taï, et vingt chefs-d'œuvres inconnus aujourd'hui,
ou enfouis obscurément dans les bibliothèques.

Deux causes principales s'opposent à l'étude
fructueuse des bons ouvrages en Italie. La première, c'est que tout ce qui se compose, pour le théâtre surtout, ne s'écrit que pour une saison de trois

mois environ ; si la musique composée pour cette saison réussit, on l'exécute tant que dure la saison, et elle disparaît ensuite pour ne plus revoir le jour : bien peu d'ouvrages ont eu l'honneur de paraître sur plusieurs scènes.

La seconde cause, que je dois signaler, c'est qu'en Italie on ne grave, on n'imprime presque rien en musique, et qu'alors il devient fort difficile de suppléer par la lecture au défaut d'exécution. Il faut alors se faire prêter des partitions ; ce qui n'est pas sans quelques inconvénients ; ou aller les chercher dans les bibliothèques théâtrales où elles ont été ensevelies pour l'éternité ?

Sous tous les rapports, tout est étrangement changé ; quelle époque que celle où nous vivons !.. Le goût, fort peu éclairé, force les chefs-d'œuvres à céder la place aux plus insignifiantes productions. Un nom en faveur, quelle que soit l'exiguité de son mérite : et le ciel sait combien souvent il en faut peu pour remplir et émerveiller un salon ! un nom sorti du fond d'une coterie, un nom seul fait autorité ; ce qu'il écrit est parfait ; ce qu'il dit est merveille ; il va parler, il va avoir raison ; il ne parle plus, on l'écoute encore. Le plus difficile en ce monde n'est pas d'avoir du mérite, mais de savoir persuader aux autres qu'on en a. De l'intrigue, quelques compères qui vous prônent, une toilette toujours élégamment soignée, un grand fonds d'assurance,

d'audace même, une soumission aveugle au goût
en vogue, voilà ce qu'il faut ; une fois bien établi
sur ce terrain, on peut impunément débiter toutes
les sottises imaginables, on est sûr d'entendre crier
bravo ! et d'arriver à la fortune, qui est le seul
chemin à la considération par le temps qui court.

Maintenant, les belles productions musicales
dont jadis s'enorgueillissait l'Italie, sont livrées au
vulgaire des chanteurs ; ceux que des moyens naturels placent dans un rang plus élevé, refusent
de partager des éloges qui ne seraient pas exclusivement pour eux. Il leur faut, jusque dans l'église,
non de la musique, mais du *chant;* enfin ils veulent chanter à la chapelle comme à l'opéra, et on
chante souvent au théâtre comme on ne devrait
chanter nulle part. Le public l'entend et le souffre ;
que faire alors et sur qui faut-il déverser le blâme ?
la solution de cette question ne saurait trouver
place ici, et je l'abandonne à une plume plus
exercée que la mienne.

J'ai rempli, autant que cela m'a été possible, la
tâche que je m'étais imposée de tracer cette notice
sur l'un des pères de l'école musicale italienne ;
je m'estimerai heureux si j'ai fourni quelques
idées, quelques renseignements utiles : c'était mon
but ; c'est du jugement des personnes éclairées que
j'apprendrai si j'ai su y atteindre.

VIE

DE BENEDETTO MARCELLO,

TRADUITE DE L'ITALIEN SUR L'ÉDITION DE SES ŒUVRES ,

IMPRIMÉE A VENISE EN 1803.

AVEC DES NOTES DU TRADUCTEUR.

QUELQUES MOTS PRÉLIMINAIRES.

La naissance d'un homme ordinaire, obscur, l'histoire de sa vie privée, quelque honorable, quelque vertueuse qu'elle ait été, sont choses totalement dépourvues d'intérêt pour le public et ne trouverait ni écrivains qui daignassent y consacrer leur plume, ni lecteurs qui voulussent bien dépenser quelques instants de leurs loisirs pour y jeter un coup-d'œil dédaigneux ou indifférent.

Il n'en est pas de même à l'égard d'un homme *célèbre* : je souligne à dessein ce mot, car je veux que l'on sache bien que je distingue précisément ce que le vulgaire confond presque toujours, c'est-à-dire : l'homme opulent, l'homme qu'il appelle de naissance, l'homme puissant, avec l'homme vertueux, l'homme de génie, l'homme de science et l'homme de talent.

Lorsqu'il s'agit de l'un de ceux qu'encensent les préjugés, de l'un des premiers enfin, on veut savoir la date exacte, l'heure et pour ainsi dire le temps qu'il faisait le jour qu'il vint au monde ; à l'égard de l'un de ceux de la seconde catégorie que je viens d'indiquer, et pour laquelle je ne cache point mon culte, on s'en inquiète peu, ou point ; si l'on doit cependant un tribut particulier à quelque supériorité, c'est à celle du mérite réel, je pense, qu'il doit revenir de droit : mais le cas est rare. Eh ! cependant, il n'y a pas deux manières d'entrer dans la vie, et il n'y en a qu'une pour en sortir. Le fils du monarque, comme celui du plus humble chevrier, a besoin de langes ; à tous deux, il faut long-temps des lisières : au fils de roi, de pourpre et de soie, je l'accorde ; au fils du pauvre pasteur, de bure et de chanvre, je le sais ; mais lorsque le grand drame de la vie s'achève, à chacun d'eux aussi il faut un cercueil ; au premier, de cèdre du Liban, chevillé d'or ; au second, de cinq ais de modeste sapin, je n'en disconviens pas ; pour tous deux, néanmoins, le dénoûment se résume dans ce mot terrible, dans ce mot de fer : *néant !...* Ainsi donc, respect aux morts et salut quand ils passent, quels qu'ils soient, car sur chaque sarcophage est écrit en lettres de deuil l'arrêt monosyllabique et absolu qui prononce sans retour et sans appel l'ÉGALITÉ DES CONDITIONS. Retranchez d'un côté l'orgueil irréfléchi de quelques-uns, de l'autre, l'habitude, la condescendance moutonnière du plus grand nombre, et vous aurez aussi parfaitement rétabli l'équilibre moral de la balance qu'il l'est invinciblement au matériel par le formidable *ci-gît.*

Il ne s'agit point en ce moment de l'égalité politique des droits devant la loi : cette grave question constitutionnelle est, grâce au ciel, résolue depuis longtemps d'une manière conforme aux lumières du siècle par la raison publique (moralement au moins), et, comme elle appartient à un tout autre ordre de discussion, elle ne saurait convenablement trouver place ici. Il n'est donc absolument question en cet instant que de l'*égalité des conditions*. Il est fort dangereux, je le sais, de toucher une pareille matière, lorsque l'un des plus grands hommes du dix-huitième siècle, J.-J. Rousseau, a soulevé contre lui tant de colères, de haines envenimées, pour avoir osé porter la lumière dans ce dédale.

Je me hâte donc de déclarer que je ne considère cette partie de la question générale que sous son rapport moral exclusivement et dans les relations qu'elle peut avoir, qu'elle a réellement avec l'objet qui m'occupe spécialement.

Lorsque le public s'avise de s'intéresser à un homme célèbre (célèbre à tort, ou à raison, mais toujours après son décès, car de son vivant, personne n'y songe), il demande curieusement ce qu'il a fait de *beau*, d'*extraordinaire* : jamais il ne s'enquiert de ce qu'il a fait de bon, d'utile. Sitôt qu'il a fermé les yeux, il devient un grand homme; de son vivant, ce n'était rien, ou bien peu de chose ; le monde est assez vaste cependant pour qu'il y ait lieux et temps pour tout, et les grands hommes ne courent point les rues.

Que l'on ne suppose pas gratuitement que je professe la doctrine de l'égalité des conditions dans son acception utopique la plus rigoureuse : je n'y songe nullement ; je fais plus, et je démontrerais, s'il le fallait, son impossibilité ; je n'aurais besoin pour cela que d'admettre comme pure hypothèse et pour un moment seulement, qu'à un certain jour donné, toutes les conditions seront matériellement nivelées et égales dans le sens le plus absolu ; eh bien ! avant l'expiration d'une année, toutes les inégalités sociales auront repris naissance par la seule force des développements de l'esprit humain, l'intelligence dominera toujours la stupidité ; le travail, l'industrie, l'économie, l'emporteront toujours sur la paresse, l'incapacité, la prodigalité ; la raison ne sera jamais l'égale de la sottise ; l'instruction celle de l'ignorance ; la modestie celle de la fatuité : je crois consciencieusement ceci incontestable. Le faible sera toujours dans la condition inévitable de réclamer l'appui du fort contre l'oppression de la force et de lui offrir, en échange, sans préjudice toutefois de ses imprescriptibles droits, ses services, comme une juste compensation de la protection qu'il en aura reçue ; que deviendra alors cette prétendue égalité, qui n'existe pas, même chez les sauvages ? Non, je le répète, cette égalité n'est point mon rêve ; je la crois impraticable, et sa durée, dans tous les cas possibles, ne me paraît pas même probable. Je suis donc évidemment soumis, comme on peut s'en convaincre, à l'empire des distinctions sociales, mais j'ai la témérité de les peser et de les discuter.

Si j'ai posé comme thème la vie humaine renfermée dans ses infranchissables limites, la naissance et la mort, limites communes à tous, sans aucune exception, c'est dans le seul but de frapper par leur côté véritablement vulnérable les exigences, les monopoles, les exclusions, inventés par des cerveaux avides et malades, qui, semblables au chien de la fable qui laisse échapper l'os pour son ombre, n'ont pas compris que les véritables distinctions, les seules solides, durables, sont et seront toujours celles accordées aux vertus, au génie, à la science, aux talents, aux services réels rendus à la patrie, à la société, à ses semblables. Celles-là sont de bon aloi; intransmissibles de leur essence, à la vérité, elles ne peuvent flatter que ceux qui savent les mériter : tout le reste n'est que vaine fumée, et, à moins d'avoir perdu le sens, il faut bien convenir de gré ou de force, avec sa nourrice et avec le fossoyeur, que tous les humains sont de chair, de sang et d'os, les uns comme les autres, soumis sans exception aux mêmes infirmités, et qu'à deux instants dans un siècle ils ne pèsent ni ne valent plus l'un que l'autre, et qu'enfin ce qu'ils peuvent conquérir de juste considération entre ces deux points, au delà desquels il n'y a rien, ce n'est qu'à leurs qualités personnelles qu'ils en sont redevables à tous égards, en tous lieux comme dans tous les instants.

C'est sous ce double rapport, purement moral, que je comprends à la fois l'égalité et l'inégalité des conditions avec les exceptions que cette dernière admet nécessairement à son propre principe, supposant, peut-être à tort, qu'après avoir mûrement médité ce grand problème de la vie et de la mort, la raison parviendra à établir l'équilibre nécessaire à toutes les parties de ce vaste drame, durant lequel il serait si désirable qu'elles se servissent de mutuels contrepoids.

Ces principes ainsi posés à ma manière, j'en tire les conséquences que ma faible intelligence me permet d'entrevoir, et j'en fais, sans réserve, l'application à quiconque se distingue par le mérite, à quelque rang de la société qu'il appartienne. Celui où le destin m'a placé me porte naturellement à m'occuper plus particulièrement de ceux auprès desquels je suis appelé à vivre : puisse ma voix être digne de prononcer leurs noms et ajouter à leur gloire ce léger tribut que j'ose à peine croire digne d'eux.

Toutefois, je ne puis m'empêcher de souhaiter, en donnant peut-être un salutaire exemple, d'avoir de nombreux imitateurs, et de manifester le regret d'être, sinon le premier, du moins du très-petit nombre de ceux qui ont daigné consacrer leur plume à la mémoire des artistes français. Quelques lignes nécrologiques, quelques rares articles biographiques, voilà les seuls et stériles hommages rendus à leur mémoire. Eh! n'y avait-il donc rien à dire sur Gossec, Monsigny, Dalayrac, Grétry, Méhul, Catel, Boyeldieu, Gavinié, Rode, Kreutzer, et d'autres encore dont la nomenclature serait ici trop longue? Grétry, plus avisé, et connaissant bien sans doute l'ingrate mémoire des Français, composa lui-même ses mémoires et les dispensa de cette sorte du soin de faire son éloge après sa mort.

Mais, me dira-t-on, ce n'est point à la mémoire de nos illustrations musicales que vous avez voué ces premiers essais d'une plume inexpérimentée, pourquoi donc avez-vous été chercher des célébrités italiennes au lieu de choisir quelqu'un de vos compatriotes pour exercer votre verve louangeuse? Je répondrai sans éluder la question, que j'ai eu plusieurs raisons particulières d'agir comme je l'ai fait, et que je crois tout à fait inutile de les expliquer dans ce moment.

J'insiste, néanmoins, sur ce que je crois être une nécessité, c'est-à-dire de rendre à nos artistes morts quelques hommages dignes d'eux et d'une grande nation. Si la fortune avait égaré chez moi quelqu'une de ses faveurs, je proposerais de fonder un prix annuel en faveur de la meilleure histoire de l'une de nos renommées artistiques, et dont le nom choisi par la majorité des suffrages de l'Institut, ou tiré au sort, serait proposé comme sujet de concours.

Je crois cette idée juste, utile et morale : car, dans le premier cas, elle aurait pour résultat d'acquitter une dette nationale ; dans le second, d'être un puissant véhicule pour le talent qui redoublerait d'efforts pour mériter cette nouvelle palme qu'il léguerait du moins à son pays et à sa famille ; dans le troisième, d'être un guide sévère dans tous les instants de la vie. Quel homme en effet, au moment de commettre une action blâmable, ne serait point arrêté par cette pensée : « la publicité » m'attend pour me demander compte de ma » vie et glorifier ou flétrir ma mémoire. »

J'insiste, je le répète, sur cette pensée, sans préjuger, toutefois, quel succès elle obtiendra au tribunal de l'opinion et surtout à quel résultat il lui est permis d'aspirer ; car on a tout imité des Grecs, y compris leur frivole légèreté, mais non pas leur amour passionné pour les beaux arts, leur goût pur, sévère et délicat ; on a tout copié chez les Romains, depuis la botte de foin qui servait d'enseigne aux belliqueux compagnons de Romulus, jusques aux règlements judiciaires de Justinien, mais non pas leur sublime patriotisme et leur énergique persévérance soit dans la bonne, soit dans l'adverse fortune ; on a cité mille fois les époques de Périclès, d'Auguste, de Léon X., des Médicis, de Louis XIV, comme on citera un jour celle de Napoléon ; mais on a omis de dire que dans ces temps presque fabuleux, où l'intelligence humaine arriva aux plus merveilleux développements connus dans les annales du monde, la plus haute considération, le respect, l'estime, environnaient les hommes de mérite, et qu'il était plus honorable alors d'être Démosthènes, Cicéron, Eschile, Virgile, Phidias, ou Apelle, que d'être patricien, et que dans des temps plus rapprochés de nous, il n'est aucun homme doué de quelqu'élévation dans l'âme, qui n'eût préféré le nom de Palestrina, de Durante, de T. Tasse, de Raphaël, de Jean Goujon, de Poussin, de Voltaire, de Racine, de Molière, de Perrault, à quelque titre que ce fût.

Les anciens Egyptiens jugeaient publiquement leurs souverains après leur mort, et par cette salutaire coutume les maintenaient dans l'obligation d'employer leurs efforts à mériter un jugement favorable. Les empereurs Chinois se glorifient d'être les premiers laboureurs de leur empire ; il est donc évident qu'il y a un mérite positif, indélébile, à être utile par ses vertus, ses services, ses talents, et que les souverains s'honorent eux-mêmes en honorant ceux qui répandent à la fois la morale, la gloire et l'abondance sur leur patrie.

Voilà, enfin, ceux en faveur desquels je comprends les distinctions sociales, qui ne peuvent être, au surplus, que personnelles et viagères, et dont je suis loin d'être l'adversaire comme il est facile de s'en convaincre.

L'histoire entière de Benedetto-Marcello a été retracée avec intérêt; l'auteur l'a écrite avec un soin scrupuleux; aucune circonstance, même parmi celles appartenant à l'époque de sa première jeunesse, n'a été omise : c'est un travail tout-à-fait consciencieux. Je me suis réjoui lorsque cette production est parvenue à ma connaissance; j'ai applaudi au zèle qui l'avait dictée; j'ai souhaité avec ardeur qu'elle eût parmi nous de nombreux imitateurs; pour féconder cette pensée, j'ai essayé de la faire passer dans notre langue, et j'en ai entrepris la traduction : je ne sais jusqu'à quel point je puis croire avoir réussi. Mais en m'occupant de ce projet, je n'ai pu me défendre de poser devant moi cette question : si Benedetto Marcello eût été un pauvre diable n'ayant tout simplement qu'un beau génie et un grand talent, eût-il trouvé un historien panégyriste et dévoué? peut-être que non. Mais Benedetto était d'extraction noble, de

famille patricienne, possesseur d'une grande fortune, revêtu de hauts emplois ; cela suffisait : les
plumes éloquentes sont toujours facilement émues
par de semblables motifs.

De cette histoire, dont le développement n'est
pas dépourvu d'intérêt, il résulte plusieurs utiles
enseignements qui prouvent évidemment à quel
point l'esprit humain peut être faussé par les
plus déplorables préjugés.

Et en effet, nous voyons jusqu'où peut entraîner
l'orgueil de caste, puisqu'il détermine Benedetto
à désavouer sa femme légitime, à lui refuser son
nom et sa maison, et pourquoi ? parce qu'elle
n'était pas d'aussi noble naissance que lui !!

Nous voyons, spectacle non moins affligeant,
ce que peut sur une intelligence affaiblie, un corps
usé, une conscience effrayée, l'action incessante
et perfide de la superstition qui décide un jour ce
grand génie, qui survit alors à lui-même, à se séparer de ses amis, à les renier, à les tenir en quelque sorte pour gens indignes qu'il faut fuir pour
se préserver de la contagion des vices et du crime.

Le temps, ce grand maître de toutes choses,
nous apprend, à la suite de cette lecture, que de
toutes les vanités de ce monde, la seule qui ait
quelque valeur réelle, quelque durée, est celle
du mérite acquis, des talents, des services, du
génie. Ecoutez le récit de quelque grande action,

de quelque trait d'inspiration poétique, écoutez
ces voix qui vous redisent les magnifiques psaumes de Marcello, et puis cherchez parmi les auditeurs émus par ces touchantes et simples mélodies, s'il en est un seul qui songe à vous demander
si l'auteur était noble ou roturier? S'il y en avait
un seul, il ne serait pas digne de l'entendre.

Ces diverses remarques, que tout autre eût pu
faire ainsi que moi, m'ont suggéré les réflexions
qui font la substance de ces *quelques mots préli-*
minaires, auxquels je crois beaucoup plus d'opportunité qu'ils ne paraissent d'abord en avoir,
en effet, et dont je ne pousserai pas plus loin le
développement. Je souhaite que l'on fasse grâce à
ma franchise, que l'on comprenne ma pensée et
surtout qu'on ne la calomnie point.

VIE

DE BENEDETTO MARCELLO.

Augustin Marcello était de cette noble famille vénitienne qui donna un doge à la République et l'une de celles qui concoururent à l'antique traité de Chioggia (Quiodgia). Il épousa Pauline Capello, qui était d'une naissance égale à la sienne ; de cette union naquirent trois fils : Alexandre, Jérôme et Benedetto. Tous trois furent élevés avec les plus grands soins et avec cette piété qui est le fondement de tous les biens ; tous trois laissèrent après eux un nom environné d'estime et de gloire.

Benedetto, recommandable par de nombreuses et brillantes qualités, mérita de plus le titre de prince de la musique; il vit le jour le 24 juillet 1686. Son père, qui cultivait les lettres, l'appliqua de bonne heure, ainsi que ses frères, à l'étude de la langue et de la poésie. Il avait l'habitude de leur faire composer chaque matin huit ou dix vers, qu'ensuite lui-même il lisait ; s'ils désiraient obtenir de lui quelque chose, c'est en vers qu'ils de-

vaient le lui demander, autrement ils ne l'obte-
naient pas ; ces soins eurent l'effet qu'il en attendait,
car tous trois furent bons poètes. Pour les accoutu-
mer au style épistolaire il leur faisait écrire ses
lettres de compliments et les récompensait de cette
fatigue par quelques présents en argent ; il ne re-
doutait point selon toute apparence d'éveiller par
ce moyen la cupidité de ses enfants, au lieu de fortifier leur vertu : son opinion ne le trompa pas, il
est vrai ; mais on n'oserait cependant le proposer
en ceci pour exemple : c'est ainsi que ce bon père
élevait ses fils et leur inspirait le goût de l'étude.

Comme il cultivait avec distinction la musique,
qu'il affectionnait et qu'il avait découvert en Benedetto de grandes dispositions pour cet art, il lui
donna des maîtres ; mais le jeune enfant pour qui
l'étude était fort peu agréable, ne s'appliquait
nullement. Son père, sachant un jour qu'il sou-
haitait aller au spectacle avec lui, voulut bien lui
promettre de l'y conduire s'il exécutait préalable-
ment devant lui une sonate de violon ; mais Benedetto ayant su à quelle condition on lui accordait
ce qu'il désirait, préféra rester à la maison, esti-
mant l'ennui de jouer la sonate bien supérieur au
plaisir d'entendre la comédie, tant il est vrai que
l'on fait toujours plus volontiers ce que l'on fait bien
et facilement. Benedetto était né pour la musique
vocale ; il n'est pas surprenant alors que les simples

compositions instrumentales, privées d'âme et de chaleur, ne le satisfissent point (2). Son père, piqué de son obstination, et non content de ne l'avoir pas conduit au théâtre, exigea qu'en sa présence il jouât au moins trois heures du violon, espérant de cette manière vaincre ou punir sa bizarrerie.

Un incident imprévu contribua merveilleusement à stimuler son inertie, et lui fit faire ce que les exhortations paternelles n'avaient pu obtenir. Un de ses frères, qui jouait aussi du violon, étant interrogé, devant Benedetto, par une dame qui lui demandait si ce dernier était aussi habile que lui, répondit qu'il n'était bon qu'à porter derrière lui la cassette du violon. Ce discours blessa au vif le cœur du jeune homme ; il lui sembla, dans la conscience qu'il avait de ses propres forces, qu'on lui faisait un grand tort, et qu'il aurait pu, dès longtemps, surpasser son frère. Sans se mettre en frais de vaines paroles, il s'appliqua de suite à l'étude de la poésie, et particulièrement de la musique, avec une ardeur et une persévérance telles, qu'elles n'avaient point encore eu d'exemple. Trois ans consécutifs, de dix-sept à vingt ans, il ne sortit plus de chez lui, et se tint éloigné de toute espèce de plaisir qui aurait pu le distraire. Il donnait à l'étude jusqu'à dix heures par jour. Il satisfaisait aux devoirs de la religion dans sa propre maison ; enfin, il avait résolu de ne sortir de chez lui que lorsqu'il posséderait son art parfaitement : tant de constance , de travail sont vraiment choses admirables. Toutefois, cela doit sembler moins surprenant à qui connaît les patriciens vénitiens, très appliqués au commerce et qui semblent ne pas connaître la fatigue. Quelques-uns dans le nombre veulent allier les plaisirs aux affaires, et emploient pour y parvenir les heures du sommeil. Comme ils se lèvent malgré cela constamment de bon matin, il en résulte qu'au premier aspect il semble aux yeux des étrangers qu'ils ne dorment jamais.

Augustin Marcello jouissait au fond de l'âme de voir le zèle persévérant de son fils ; mais il n'était pas sans quelque inquiétude sur les résultats d'une si longue assiduité ; pour en détourner les fâcheuses conséquences , il le conduisit à la campagne où il le retint six mois, afin qu'il se reposât. Comme il désirait fortement que pendant ce temps il oubliât la musique , il poussa les précautions jusqu'à défendre à ses serviteurs de lui acheter du papier réglé , et voulut que sa valise fût visitée en sa présence, afin d'être assuré qu'il n'emportait rien qui eût rapport à la musique. Ces soins furent vains : Benedetto régla lui-même du papier blanc, et composa en secret une messe qui fut trouvée fort belle ; il la fit voir à son père qui admira la perfection de cet ouvrage. Dès lors, il jugea qu'il n'était pas en son pouvoir de le retenir, et qu'il était plus sage peut-être de ne pas refroidir l'élan qui l'entraînait vers la perfection. Il le laissa donc libre de cultiver la musique, de même qu'avait fait Bernard Tasse envers son fils Torquatus Tasse à l'égard de la poésie, après qu'il eut lu le poëme de Renaud.

Augustin survécut peu de temps à cette époque. Benedetto, devenu tout-à-fait libre, se rendit promptement à Florence où il fut ravi, moins de la beauté de la ville, que de l'élégance de la langue, qu'il cultivait avec un soin particulier, et par la multitude d'hommes érudits ou d'artistes qu'on pouvait citer comme modèles, et qui faisaient la splendeur de la cour des Médicis. Les personnes de génie recherchent la société de leurs semblables, et n'ont de véritables jouissances que dans les réunions dont ils peuvent espérer de retirer quelques fruits. Dans cette circonstance le jeune Benedetto dévoila le beau feu dont il brûlait.

De retour dans sa patrie, il ne tarda pas à se signaler dans l'art où il devait bientôt occuper un si haut rang, et ce fut dans l'année même de son retour, à l'époque anniversaire de la fondation de la petite maison des nobles où il devait y avoir un concert vocal et instrumental. Le vulgaire, sous la dénomination de composition musicale, n'imagine pas une chose bien importante ; mais les gens instruits et de sentiments élevés ne pensent pas ainsi : ils savent que la bonne musique ne doit pas seulement flatter l'oreille, mais qu'elle doit encore émouvoir l'âme des auditeurs ; ce qui est d'une grande difficulté , et ne peut s'effectuer sans le secours de diverses qualités. De là peut-être résulte que les grands compositeurs ne furent pas moins rares que les orateurs distingués et les poètes parfaits.

Marcello (3), singulièrement favorisé par la nature, avait reçu d'elle tout ce que la fortune et l'art peuvent accorder. Son étoile le fit naître dans un temps où la musique vocale, c'est-à-dire le genre le plus parfait, le plus sublime (4), que l'on cultivait depuis deux siècles avec une grande ferveur, et qui comptait une nombreuse quantité d'excellents artistes, la musique vocale, dis-je, était près d'atteindre le dernier degré de la perfection ; il ne manquait peut-être alors qu'un homme habile qui sût à propos marier les couleurs que l'on possédait déjà. Son heureux destin le fit citoyen de la cité qui , parmi toutes celles d'Italie, renfermait alors à la fois le plus de compositeurs de mérite et de chanteurs : la raison, c'est qu'à la chapelle ducale de S. Marc, depuis les temps les plus reculés, c'est-à-dire depuis Zarlino, il y avait toujours eu l'un des plus célèbres maîtres attachés à ce service. On remarquait entre autres, peu d'années avant l'époque qui nous occupe en ce moment, Monteverde de Crémone, un des premiers qui introduisirent et soutinrent l'usage des dissonnances, ainsi qu'on les a pratiquées dans ces temps modernes : c'est peut-être la plus grande lumière dont on soit redevable à l'école lombarde.

Il y avait en outre à Venise beaucoup d'*hôpitaux*, ou espèces de conservatoires où l'on admettait de pauvres filles auxquelles on faisait assidument cultiver la musique, et qui s'y disputaient la première palme, ce qui procurait un pieux et agréable passe-temps aux citoyens comme aux étrangers qui allaient y entendre les offices divins, ainsi que beaucoup d'autres compositions sacrées appelées *oratorio*. Dans l'un de ces conservatoires, sous l'invocation de S. Lazare, il y avait alors un maître nommé François Gasparini, homme très versé dans la connaissance de l'art; il fut le guide du jeune Marcello qui le révéra toute sa vie et soumit à sa censure tout ce qu'il fit imprimer : il arrive assez ordinairement que les maîtres et les disciples de mérite se vouent une amitié constante (5).

Notez ceci, que l'on voit encore à Venise, comme autrefois, sept théâtres ouverts une grande partie de l'année, ce qui donnait, comme aujourd'hui, la facilité d'entendre les plus belles compositions musicales et les meilleurs exécutants du temps.

Tous les compositeurs pour le théâtre s'appli-
quaient alors à faire servir la musique à l'expression des affections de l'âme, et ils y réussissaient
merveilleusement (6). Le fait est d'autant plus
remarquable que les compositeurs cherchaient le
naturel et la plus grande simplicité, précisément
dans le temps où la majeure partie des poëtes
étaient le plus éloignés de ces deux grandes qualités.

La grande place de S. Marc à Venise, où tout le
monde se réunit pour la promenade, pour prendre
l'air, et que l'on dit être la plus belle du monde
du côté qui regarde la mer (7), retentit sans cesse
de jolies chansons que les dames vénitiennes, avec
la grâce de leur langage naturel, la finesse de
leur oreille, exécutent avec tant d'élégance, que
même les femmes du peuple paraissent d'habiles
chanteuses (8).

Marcello reçut donc de la nature tous les avantages qui viennent d'être énumérés et ne les dé-
mentit pas plus que ceux qu'il tint de la fortune ;
outre l'étude constante dont nous avons parlé de
la partie pratique, de la théorie des maîtres et des
auteurs de son temps, il remonta jusques aux
antiques les plus reculés et chercha chez les Grecs
les lumières propres à le perfectionner. Avant
l'âge de vingt ans, il avait terminé un long traité
sur toutes les parties de son art. Il commence par

les notions préliminaires et générales : il entra,
dans cette portion de son livre, jusque dans les plus
petites particularités. Cet ouvrage est divisé en trois
parties : dans la première, il traite de la nature du
son musical ; dans la seconde, il examine les différents systèmes ; dans la troisième, il examine chacune des cordes ou consonnances et la manière
de les traiter ; il passe ensuite aux divers contre-
points simples et doubles, aux fugues, enfin il
n'oublie aucun des enseignements nécessaires pour
apprendre à bien composer. L'épigraphe annonce
l'esprit philosophique et la doctrine de l'auteur :
le livre porte en tête la sentence de Pythagore :
nemo geometriæ expers ingrediatur. Cet ouvrage
est encore inédit ; mais si on l'imprimait aujour-
d'hui après tant de livres écrits sur la même matière et qui ont été mis au jour dans ce siècle, ce
n'est pas inutilement sans doute qu'il viendrait en
accroître le nombre.

Marcello eut toujours une aptitude extrême pour
la poésie, et rien en effet n'est plus parfaitement en
analogie avec la musique. La sollicitude de son
père l'avait toujours préservé de la corruption et
du mauvais goût de son siècle ; aussi, l'académie
des Arcades, qui était à sa naissance, crut faire,
et fit effectivement une excellente acquisition en
l'admettant au nombre de ses membres sous le nom
de *Biante sacro.* Bien qu'il fût irrésistiblement

entraîné vers l'art de la musique, il ne négligea
pas de suivre la carrière des illustres patriciens ses
pareils. A vingt-un ans, il s'exerça dans la noble
profession d'avocat, profession difficile et dans laquelle il fallait faire preuve de génie, à Venise
surtout où, comme à Rome, du temps de la république, l'éloquence avait une grande influence sur
le jugement des causes portées devant les tribu-
naux. A vingt-cinq ans il prit la robe, et depuis ce
moment il servit sa partie, qui lui confia diverses
magistratures durant l'espace de cinq années. Il
entra à trente ans dans le corps des quarante
(sénat établi à Venise), où il resta quatorze ans.
Il fut ensuite envoyé provéditeur à Pola, dont le
mauvais air fut très nuisible à sa santé, à ce point
qu'il lui fit perdre presque toutes ses dents. De
retour à Venise, il fut de nouveau placé au nombre
des patriciens magistrats, l'an 1738, et envoyé à
Brescia avec l'honorable charge de *Camerlingo*
(c'était une des premières charges de l'état, correspondant au titre de gouverneur vice-roi). Le
séjour de cette belle cité lui fut infiniment agréable; ses vertus, son amabilité le rendaient cher à
tout ce qui l'approchait; mais au moment où il
jouissait du plus grand bonheur, la mort vint bri-
ser la trame de ses jours et priver sa patrie ainsi
que le monde des fruits que l'on avait le droit
d'attendre de son beau génie encore plein de sève
et de vigueur.

Néanmoins, les nombreux ouvrages qu'il laisse malgré la brièveté de sa carrière et une vie si sérieusement occupée, est une chose prodigieuse. La plus grande partie consiste en compositions musicales, ou en écrits relatifs à la musique ; à vingt-un ans, il publia un drame ayant pour titre : *la foi reconnue,* qui fut représenté sur le théâtre de la Place de Vicence ; il fut, depuis, donné avec le nouveau titre de *Dorinde* ; ce premier drame sorti de sa plume, fut, à différentes époques, suivi de plusieurs autres semblables.

Parmi les poésies qu'il écrivit pour être mises en musique, celles qui méritent une attention particulière sont ses cantates ; c'est un genre de composition tout à fait inconnu des anciens et qui naquit très imparfait au dix-septième siècle. Au commencement du siècle suivant, du temps de Benedetto Marcello, il parvint à sa perfection et fut jugé par les poètes italiens comme unique pour le chant et le plus grand avantage des chanteurs auxquels il s'adapte très favorablement, par la raison que la cantate se divise le plus souvent en quatre parties, dont deux sont écrites en vers *endecasillabi* (vers de dix syllabes), qui, en italien, sont les plus longs, mêlés de *settenari* (de sept syllabes). ces derniers se traitent en récitatif parce que la musique imite de plus près la voix de celui qui parle, ou déclame. Les deux autres parties sont écrites en vers brefs et se nomment *airs* ; on peut user pour ces derniers de toutes les variétés harmonieuses que fournit la langue. Il est essentiel d'être attentif à beaucoup d'exigences dans ces sortes de compositions, parce qu'il faut que l'air provienne en quelque sorte du récitatif précédent, et on doit, en outre, choisir toujours avec discernement le genre de musique le plus approprié au sens des paroles : il faut bien remarquer que ces petites compositions varient extrêmement entre elles et qu'elles sont de plus très favorables au développement du sens des paroles. Ces paroles doivent être faites dans le but de servir le chant et présenter des idées grandes, neuves et toujours agréables ; c'est-à-dire qu'elles doivent être traitées pour le compositeur, comme le doit être pour le peintre le sujet qui doit être digne de ses couleurs. Les paroles qui par elles-mêmes ne représentent rien, mais qui servent de liaisons et pourraient s'appeler serviles ou auxiliaires, sont peu agréables dans le chant, parce que ce qu'elles ont de vague et d'insignifiant s'entend bien davantage que dans le langage parlé. Lorsque l'on sera attentif à ces divers enseignements on comprendra que l'antique usage des Grecs était fort avantageux pour les poètes, qui, chantant eux-mêmes leurs productions, étaient obligés de les écrire dans un style vif, châtié, significatif, poétiquement enfin.

Combien les vers d'Homère sont faciles à chanter! clairs, brillants, aucune de leurs parties n'est inutile et ne laisse languir l'imagination ; la pensée n'est ni ambiguë, ni suspendue, ni tourmentée, ni tirée en longueur par la transposition inopportune de quelques-unes des paroles les plus nécessaires à l'intelligence : dans ce dernier cas, on ne peut sentir la force des paroles précédentes que lorsque le dernier verbe arrive et lève la suspension. Ces défauts (9) auraient été très sensibles dans Homère, qui chantait lui-même ses poésies ; il sut s'en préserver, ce que n'ont pas su faire beaucoup d'autres poètes de génie, mais qui ne se soumettaient point à la même règle. Parmi les causes heureuses qui concoururent à donner au monde, dans Homère, le parfait modèle de la poésie, en ces temps reculés où la plus grande partie du monde était rustique et barbare, on doit placer cet usage de chanter ses compositions : suivant ce que je pense, cet usage était d'une grande puissance.

La cantate est donc une composition difficile ; souvent il advient que l'on soigne l'élégance du langage poétique et que l'on ne satisfait pas également sous le rapport de la musique, ou qu'on porte préjudice à la poésie en s'attachant trop exclusivement à la musique, ce qui est cause que les poètes ne s'occupent pas volontiers de ce genre, bien qu'il ne présente pas encore de grandes richesses.

Il est difficile d'abord de trouver un bon argument ;
quand on l'a trouvé, il est encore difficile de le bien
mettre en œuvre, de le bien distribuer, de le bien
exprimer ; et pourtant, Benedetto laissa un si grand
nombre de belles cantates qu'il semble en vérité
qu'elles ne lui coûtaient que la peine de vouloir ;
presque toutes sont tendres ; il est semblable à Pé-
trarque dans ses sonnets, et à Bocace dans ses
poésies légéres, où chacune des pensées qui peuvent
se succéder dans un cœur vivement épris d'amour,
semble personnifiée : c'est ce qu'a si bien fait Benedetto dans ses cantates.

Les difficultés que j'ai énumérées sont communes aux mélodrames, mais alors l'action aide
l'écrivain et lui fournit la matière (10). Le récitatif, peu agréable en lui-même, plaît souvent par
la coïncidence qu'il a avec ce qui précède, ce qui
n'arrive pas dans les cantates où chaque partie fait
un tout par elle-même. Benedetto a écrit ses cantates dans un style plus pur et plus doux que ses
autres compositions, soit que la lecture des poètes
antiques qui parlèrent presque tous d'amour, l'ins-
pirât, soit que l'amour même lui rendît ce genre
plus facile (11).

En 1705, Antoine Bortoli mit au jour à Venise
un volume de duos, trios et madrigaux à plusieurs
voix. Benedetto publia à cette occasion une lettre
pleine d'observations qui font clairement connaître

sa manière de penser sur cette matière dés sa première jeunesse. Devenu homme fait, il attaqua
fortement les défauts des compositeurs qui écri-
vaient pour le théâtre, ainsi que toutes les personnes qui y sont employées, par une satire en
prose extrêmement gracieuse qui a pour titre : *le
théâtre à la mode*. Elle se répandit promptement
dans toute l'Italie, et on n'a pas encore perdu le
souvenir de la vérité d'observation avec laquelle il
descend jusqu'aux plus petites particularités; il
ne voulut pas néanmoins mettre son nom à ces
deux ouvrages qui tournèrent au profit de l'art de
la musique et du chant; il a laissé beaucoup d'autres
productions sur différents sujets. Nous avons de lui
une satire, écrite aussi en prose, dans laquelle
il signale les erreurs d'un grand nombre d'Italiens
relativement au meilleur usage de la langue; elle
est faite à peu près comme pourrait être une comédie et a pour titre : *il cruscante impazzito*, l'a-
cadémicien de la crusca devenu fou. Dans chaque
partie de cet écrit on découvre la sûreté de son
jugement et la vivacité de son esprit. Une chose
particulière est la facilité avec laquelle il imite à
volonté le style de sectes et de siècles différents, ce
qui prouve l'étendue ainsi que la force de son
imagination et combien l'esprit des choses se tra-
çait parfaitement à sa pensée, puisqu'il parvenait à
les exprimer si parfaitement. Nous avons eu en

outre un ouvrage moral de lui, peu considérable, mais précieux, qui contient une série de sentences par l'autorité desquelles un gentilhomme vénitien peut se gouverner; il fut écrit pour l'instruction de Lorent Alexandre Marcello son neveu, qui fut depuis un des plus illustres de la république : si les vertus qui lui ont mérité la vénération universelle, la faveur dont il a joui auprès des grands et des petits, doivent s'attribuer à l'éducation, à l'instruction reçue, il ne peut y avoir de témoignage meilleur à la louange de cet ouvrage ainsi que de celui qui l'a écrit. Il resta constamment chez ce neveu; mais ayant pu l'examiner à loisir, j'ai été à même d'admirer la pureté de cette doctrine abrégée, la parfaite connaissance du cœur humain, et de la vie sociale et républicaine.

Benedetto a écrit de plus un grand nombre de sonnets; on en compte cent, outre ceux qu'il a composés sur des sujets sacrés, avec cette épigraphe: *pienger cercai, e non del pianto onore*, j'essayai de pleurer et non à me faire honneur de mes larmes : on voit en eux toute l'ardeur et la sensibilité élevée de son âme. Il en fit imprimer un grand nombre accompagnés d'arguments sacrés en vers avec ce titre : *a Dio sonetti*, sonnets à Dieu. Enfin, nous avons de cet infatigable écrivain deux poëmes en octaves rimées (couplets de huit vers), l'un, burlesque en treize chants, intitulé : *il buffone di*

nuova invenzione, le bouffon de nouvelle invention ;
ouvrage plein de locutions agréables et utiles pour
l'instruction de la vie humaine. Le second est sérieux et très-vaste ; il n'a pu le conduire à son terme
par la raison qu'il avait à traiter le plus grand, le
plus saint des arguments qu'on puisse imaginer, la
rédemption universelle ; quand la mort vint le frapper, il l'avait conduit jusqu'au vingtième chant,
mais il restait trop à faire encore pour terminer un
œuvre si considérable.

Léon Alacci fait mention de deux mélodrames
de Marcello, le premier intitulé : *la Dorenda*,
Dorinde, le second *Arato in Sparta*, Aratus à
Sparte. Il affirme qu'il fit mettre le premier en musique par Jean Baptiste Pessuti, et Baltazar Ga-
luppi ; le second, par Jean Baptiste Ruggieri. On
peut en conclure que Marcello ne voulut pas exposer
sa musique au jugement du théâtre et à la légèreté
des auditeurs qui sont si rarement satisfaits (12),
ou bien que son caractère généreux ne voulut en
rien nuire aux compositeurs qui travaillaient pour
la scène et vivaient du fruit de leurs fatigues. Peut-
être aussi pensa-t-il qu'il n'était point inconvenant
qu'il s'occupât de la poésie théâtrale, mais qu'il
n'en était pas ainsi à l'égard de la musique (13).
Il ne se déroba pas cependant à l'œil du public et
mit au jour diverses compositions instrumentales
et vocales. À trente-un ans il avait déjà publié son

quatrième œuvre de madrigaux , chansons et airs , pour la chambre à une, deux, trois, et quatre voix : productions élégantes et harmonieuses autant qu'il est possible de se l'imaginer. Un grand nombre de cantates inédites, écrites la plupart pour une seule voix , ne sont point inférieures à ses autres compositions imprimées.

Outre l'expression, qui partout est admirable, on trouve dans les chants *marcelliani* (Marcellins, ou de Marcello), cette clarté de style que nous admirons dans les poètes antiques, c'est-à-dire celle qui est propre à une nature exempte de corruption, alors que l'art n'avait point encore altéré le génie de l'homme par l'effet artificiel du raffinement, de l'enflure et de la caricature (14); ils sont remplis de grâce et de tout ce qui convient au genre tendre : ce qui semblera étonnant à des personnes peu capables de juger sainement, c'est qu'on croirait que ces productions sont écrites de nos jours.

On remarque ordinairement parmi les cantates *marcelliane* deux compositions fort célèbres et tout à fait dissemblables des autres; l'une intitulée *Cassandre*, l'autre *Thimotée*. Dans la première, qui est à une seule voix, la fille de Priam, remplie de la fureur d'Apollon, prédit les grandes calamités qui menacent les Grecs et les Troyens, et parcourt les plus beaux passages de l'Iliade. La seconde est à deux voix avec des chœurs chantant les vertus d'Alexandre vainqueur des Perses, tandis qu'il est assis en un festin ; parmi les chanteurs est le fameux Thimotée : la cantate se termine par l'incendie de Persépolis. Aucun argument ne pourrait, dans un cadre aussi resserré, présenter au compositeur tant de grandes images et d'affections violentes ; il est vrai que Marcello peignait avec une si grande vérité qu'il ne laissait rien à désirer (15). La poésie de ces deux admirables cantates est de l'abbé Antoine Conti, patricien vénitien et grand littérateur. La seconde ne lui appartient pas en entier ; c'est une belle traduction de l'ode célèbre du poëte anglais Dryden, intitulée : *le banquet d'Alexandre*, laquelle est ornée de l'admirable musique de Georges Frédéric Handel : elle peut fournir aux personnes studieuses la matière d'une comparaison à la fois agréable et utile.

On prétend que Marcello mit en musique la première scène de la belle tragédie de Dominique Lazarini, nommée : Ulysse jeune homme; l'enthousiasme de la devineresse, qui commence cette scène , y est parfaitement exprimé. Les chœurs de cette tragédie , écrits à la manière antique des Grecs, furent également mis en musique par lui et comme essai, afin que les modernes en sentissent l'effet et pussent établir le parallèle. Les chœurs placés entre les actes font un très bon effet,

attendu qu'ils conservent et accroissent les émotions déjà ressenties, préparent, s'il est nécessaire, les auditeurs à celles qu'ils doivent éprouver, et ne permettent pas que leur attention soit
distraite. Les intermèdes bouffes et les ballets, en
usage parmi nous, produisent précisément l'effet
contraire. La manière de voir et de raisonner de
Lazarini et de Marcello, était donc très bonne;
si cette tragédie n'a pas obtenu continuellement
les applaudissements qu'elle méritait, on doit l'attribuer à la nature de la fable trop antérieure à
nos mœurs, à nos opinions, et par conséquent
trop peu vraisemblable (16). Je sais que les
chœurs d'Ulysse furent mis en musique par Joseph Serratelli; on en a un témoignage positif par
la lettre du poète même mise en tête de l'ouvrage;
mais elle assure aussi que Marcello refit le même
travail.

Parmi tant de productions, il en est deux qui
font honneur à Marcello; ce sont deux petits drames, dont un, qu'il nomme Sérénade, fut envoyé
par lui à la cour impériale de Vienne, et exécuté
le 1er octobre 1725, pour l'anniversaire de la
naissance de sa majesté césarienne Charles six :
il fut entendu avec ravissement, suivant le témoignage des lettres de Zeno. Le second est de même
une sérénade; mais il serait susceptible d'être mis
en scène. Il est désigné sous le nom de *Calisto in*

orsa , Calisto changée en ours : la fable où Ovide
a si bien exprimé la colère de Junon est assez connue. Le son des instruments qui précède ce changement et qui accompagne le chant , agite le sang
de manière à faire concevoir et pour ainsi dire
éprouver une altération correspondante à cette fa-
buleuse transformation. Toutes les compositions
marcellianes furent heureuses dans l'imitation de
la grandeur ou de la sévérité du sujet qu'il se
proposait d'imiter, et il semble que la difficulté
augmentait son génie au lieu de l'affaiblir.

Il y avait alors en Italie un grand nombre de
compositeurs justement célèbres ; Marcello désira
que douze des meilleurs d'entre eux missent en
musique une de ses cantates qui commence ainsi :
Spezza l'arco, amor, sei vinto etc.; brise ton arc,
amour, tu es vaincu, etc. Il fut satisfait ; chacun
d'eux écrivit ce qu'il crut pouvoir faire de mieux;
après la comparaison faite, la composition de
Marcello fut jugée, sans restriction, la meilleure
de toutes.

Il s'abstint toujours du genre bouffe; mais un
sentiment de colère qu'il nourrissait contre ceux
des compositeurs qui avaient imaginé de mutiler
la nature pour la contraindre à leur conserver dans
l'âge viril la voix de, l'enfance (17), l'entraîna
à tenter quelque chose dans ce style. Benedetto
savait que les bonnes voix de *soprano* castrat chan-

tant la partie de dessus, ou de femme, étaient très
rares : les mauvaises lui étaient insupportables ,
peut-être aussi la bizarrerie si fréquente chez cette
espèce de gens l'avait elle offensé en quelque occasion. Quoi qu'il en soit enfin, un jour il invita
chez lui tous les sopranos et tous les altos (haute-
contres), afin qu'ils exécutassent en sa présence
une de ses compositions. Cette production était
disposée sur de certaines paroles, et mise en musique de manière qu'il semblait entendre un trou-
peau de brebis bêlant l'une à côté de l'autre. Nous
avons encore deux autres madrigaux à quatre voix,
le premier à deux ténors et deux basses, annon-
çant aux sopranos et aux altos qu'ils n'entreront
pas dans le royaume des cieux; dans le second, deux
sopranos et deux altos répondent à la confusion
des ténors et des basses, leur font à leur tour des
reproches, et se justifient. C'est ainsi qu'il badi-
nait quelquefois, mais de cette manière seulement, en suivant les inspirations de son génie, et
sans jamais dépasser certaines bornes.

Le nom de Marcello était donc célèbre sous tous
les rapports, puisqu'il avait commencé à se distinguer dès son adolescence, et qu'il avait constamment travaillé à augmenter sa gloire. Les
étrangers, qui sont toujours en grand nombre à
Venise, ceux qui se connaissaient aux beaux arts,
ou qui voulaient passer pour connaisseurs, recher-

chaient les occasions de le voir et de l'entendre,
principalement ceux qui avaient quelque instruction en musique. Les cantatrices s'empressaient
de se faire entendre devant lui : son suffrage leur
paraissait indispensable à leur réputation ; les
compositeurs lui communiquaient leurs ouvrages,
guidés par les mêmes motifs et pour en obtenir des
conseils.

La dame la plus illustre et la plus instruite alors
était madame Isabelle-Renier Lombria, d'une famille patricienne, actuellement éteinte; il y avait
souvent chez elle de brillantes académies de poésie
et de chant (18). On y remarquait ce que la nation
avait de plus distingué, de plus estimable, sans
compter les étrangers qui y affluaient en grand
nombre ; Benedetto y était extrêmement considéré par ses propres qualités et parce qu'il était le
favori de cette jolie dame, la seule à laquelle Marcello ait rendu des soins et à laquelle il fut très
constant. Toutes les personnes qui l'approchaient,
le quittaient satisfaites, enfin il était comblé d'estime, comme il arrive ordinairement à l'égard des
personnes qui sont à la fois spirituelles, nobles,
savantes et affables ; il était aimé de tous, particulièrement parce qu'il savait se plier aux manières d'autrui, surtout par la facilité avec laquelle
il communiquait ses lumières dont il n'était point
avare et qu'il voulait rendre utiles à tous. Il guida

lui-même plusieurs personnes dans la carrière de la musique, et elles purent apprécier de quelle importance étaient pour elles les conseils d'un aussi habile homme.

Auprès de la noble dame qui vient d'être nommée, vivait Faustine Bordoni , jeune personne qui lui était chère. Elle était douée d'une superbe voix; Benedetto lui enseigna le chant, et elle devint depuis très célèbre. Elle épousa Adolphe Hasse dit le Saxon ; ce mariage fut digne de remarque en ce qu'un habile compositeur de musique devenait l'époux d'une excellente cantatrice : Benedetto donna des leçons à cette jeune personne à la prière de dona Isabelle. Il enseigna à une autre jeune fille encore, excité simplement par la beauté de sa voix et par l'espoir d'en faire la meilleure cantatrice qu'on eût entendue.

Le peuple vénitien est dans l'usage de parcourir la ville pendant les nuits d'été , surtout sur le grand canal. Ceux qui ont de la voix , et particulièrement les femmes, chantent certaines chansons appelées *arie da batello*, airs de bateaux; elles sont écrites dans le dialecte vénitien qui a beaucoup de grâce; elles ont un style qui leur est propre , clair, simple et vif. La maison de Marcello était située près du grand canal; parmi les femmes qui, la nuit, passaient en ce lieu, il remarqua que l'une d'elles avait une voix d'une

force et d'une souplesse extraordinaires : il voulut
savoir qui elle était. Après quelques recherches, il
découvrit que celle qu'il avait écoutée avec une
attention toute particulière était une certaine Ro-
sane Scalfi, jeune fille de basse condition et qui
n'avait jamais reçu le moindre enseignement musical; il prit en considération les rares avantages
qu'elle avait reçus de la nature, avare envers tant
d'autres, et ne voulut pas souffrir qu'ils fussent
perdus. Il devint son maître et la conduisit à ce
haut point de perfection qu'il s'était toujours proposé pour but.

Celui qui, le premier, jouit de l'amitié et des
soins de Marcello, fut Jean-Zozzi, prêtre de l'é-
glise de Sainte-Marceline. Il avait reçu les premières instructions musicales de Gasparini, qui avait
été lui-même le maître de Benedetto; Zozzi se mit
sous la direction de ce dernier, et en peu de temps
il fit de tels progrès, qu'en 1722 il fut appelé à
Florence en qualité de maître de chapelle, puis
ensuite à Rome où on lui conféra le même emploi
à la Basilique de Saint-Jean-de-Latran; peu de
temps après, sa réputation le fit demander pour
le service du roi de Portugal. Alors, son poste fut
occupé par son vieux maître Gasparini, qui dut
s'estimer heureux de remplacer dans l'opinion publique le disciple auquel il succédait.

Une doctrine solide, jointe à la facilité avec laquelle il la communiquait, rendait la conversation de Benedetto douce et désirable pour tous. Sa bonté n'était nullement altérée par le plaisir qu'il prenait quelquefois à la satire. Toutefois, je n'affirme ceci que conditionnellement, attendu qu'en général les mouvements prompts qui portent l'esprit à la raillerie aigrissent les hommes; s'ils procurent quelques plaisirs très vifs, mais passagers, c'est toujours au préjudice de la sociabilité et de l'aménité. Néanmoins, comme il avait autant d'équité que de grâce, personne ne songeait à le soupçonner de méchanceté. Jamais il ne se permit de mortifier qui que ce fût qui ne l'eût mérité; en outre, il laissait volontiers prendre à chacun la liberté qu'il prenait lui-même, et s'accommodait parfaitement de l'esprit et des manières de tout ce qui l'approchait.

Vivant de cette sorte, composant sans cesse quelque nouvelle pièce de poésie ou de musique, il approchait de l'âge de quarante ans et n'avait jamais pensé à écrire pour le service divin, bien que dans son enfance il se fût exercé sur les premiers exemples du style ecclésiastique. Un incident imprévu lui fit concevoir le dessein de composer un ouvrage sacré que personne, avant lui, n'eût tenté, et auquel il fut redevable, par de là toutes les qualités réunies qui le distinguaient, de l'immortalité de son nom.

Il était lié d'une étroite amitié avec Jérôme, Ascagne-Giustiniani qui réunissait les mêmes goûts, les mêmes talents, cultivait la poésie, la musique, et était de plus excellent violoniste. Giustiniani sortait de l'école de Dominique Lazzarini, professeur d'éloquence et de lettres grecques à l'université de Padoue ; il était très estimé en Italie pour les discussions qu'il avait soutenues en faveur des muses et de la véritable éloquence, trop méconnue de son temps. Abondamment pourvu des connaissances nécessaires pour conduire son entreprise à une heureuse issue, il voulut traduire et faire entendre dans la langue vulgaire les poésies sacrées de David. Il traduisit donc les dix premiers psaumes, non tout-à-fait littéralement, mais en les interprétant et en leur prêtant parfois quelques ornements. Quant à la mesure des vers, au mètre, il en usa librement, à la manière des anciens écrivains dityrambiques. Il agit judicieusement en ceci, car l'esprit prophétique n'est pas moins énergique que celui attribué à Bacchus, avec la différence que ce dernier trouble et confond la raison, tandis que le premier l'éclaire et la rend plus parfaite. La variété des affections y est parfaitement exprimée par celle de la mesure des vers : on y parvient plus facilement et plus heureusement dans la poésie italienne que dans celle des Grecs et des Latins, parce que nos vers

expriment fort exactement la mesure du temps,
chaque genre, ou rhythme, et ne laisse aucune
ambiguité pour l'oreille. Il est donc aussi agréable
pour l'ouïe de changer la mesure des vers, en
temps utile, que de changer de mouvement en musique. Giustiniani fit voir à son ami sa première
tentative ; Marcello admira l'élégance, la force
et la facilité du style, ce qui porta Giustiniani à
lui dire : « Si mon travail vous paraît si satisfaisant,
mon ami, pourquoi ne lui prêteriez-vous pas
l'utile appui de votre musique, suivant le mode
convenable à la gravité et à la sainteté du sujet,
en usant de tous les moyens qui vous sembleront
possibles ? Cela est en votre pouvoir et serait
reçu avec une admiration générale. »

Benedetto comprit l'importance de l'entreprise
qu'il lui proposait, et se sentant capable de la conduire à un grand résultat, il se décida sans différer
à se joindre à son ami et le lui promit. On trouvera peut-être incroyable que Benedetto ait écrit
subitement et comme d'inspiration les cinq
premiers psaumes avec tant de majesté qu'il semblait qu'il se fût exercé toute sa vie dans ce
style ; il n'était pas seulement compositeur de musique, mais encore poète et philosophe, et quoiqu'il eût l'habitude des choses profanes, il sut
néanmoins concevoir parfaitement le style qui
convient aux choses sacrées, bien que très dis-

semblables. Cette idée une fois bien mûrie, une plume exercée comme la sienne devait parvenir, comme elle parvint en effet, à imprimer un cachet de haute vérité à ce grand sujet comme elle l'eût fait à quelque autre sujet qu'elle eût eu à traiter. Il fit entendre son premier essai en assemblée demi-publique; les auditeurs furent non-seulement enchantés, mais étonnés de l'excellence de l'harmonie et d'un style qui leur était inconnu. Les louanges que les deux amis reçurent de toutes parts les encouragèrent à poursuivre, l'un les paraphrases, l'autre la musique. Les compositeurs, les maîtres de chant prétendaient que Marcello devait se répéter dans les psaumes suivants, parce que, assuraient-ils, l'art, dans ce genre si grave, ne possédait pas une plus grande variété de motifs que celle qu'il avait employée; mais ils mesuraient l'extension de l'art, ou pour mieux dire la fécondité du génie de Marcello, à leur propre pauvreté, comme le fait le démontra : il parvint au cinquantième psaume avec des idées toujours neuves, et il est certain qu'il serait allé bien au delà si son ami eût continué les paraphrases. Je ne dois pas omettre de dire qu'il intercala dans son ouvrage les fragments qui nous restent des antiques chants des Grecs et les diverses intonations que pratiquaient les Hébreux dans leurs synagogues, suivant la différence des nations, ce qu'il fit, non parce que sa veine se desséchait , mais parce qu'il crut que ces vestiges de la vénérable antiquité devaient plaire aux personnes instruites et les intéresser. Il ne se trompa pas dans ce jugement ; il appliqua ces fragments avec tant de sagacité, qu'aucune autre idée n'aurait pu produire un meilleur effet.

Dès que l'on eut.connaissance de cet ouvrage , tout le monde manifesta le désir de l'entendre. On forma sur-le-champ une nombreuse association, et, avec le consentement de l'auteur, on en fit l'essai. L'assemblée avait lieu le soir du jeudi de chaque semaine et durait à peu près quatre heures; des personnes fort âgées se rappellent encore que le peuple accourait en foule sur la place voisine où il demeurait immobile et comme en extase en écoutant : preuve remarquable de la puissance extraordinaire de ce nouveau genre de chant , puisque en nulle autre occasion , aucune musique célèbre n'avait produit et ne produisit depuis un effet semblable (19).

On n'admettait à l'exécution de ces psaumes que les personnes les plus habiles qui s'y préparaient par plusieurs répétitions ; cependant, l'exécution n'était jamais si parfaite que lorsque l'auteur y assistait: le plus souvent il tenait le clavecin lui-même; et il semblait alors communiquer à tous sa pensée, il s'apercevait des plus légères altérations de mesure ou d'intonation et savait tout rétablir dans l'ordre; il ne permettait pas surtout que l'on retranchât ou que l'on ajoutât arbitrairement, et en cela il avait grandement raison car, c'est faire injure à une composition aussi régulière, aussi bien méditée, que d'oser l'altérer en quelque manière que ce soit.

A l'association formée pour l'exécution des psaumes en succéda de suite une seconde pour leur impression, parce que beaucoup de personnes en demandaient des copies.

Dominique Lovisa les fit imprimer en huit volumes de grandes feuilles avec des caractères assez élégants pour l'époque; le premier volume parut en 1724, et le dernier en 1727, ce qui prouve que cette opération fut conduite à son entier achèvement avec une grande célérité. Suivant les mémoires du révérend Jean Marchionni, Benedetto, lorsqu'il eut la pensée d'écrire de la musique sacrée, devait avoir au moins trente-cinq ans, ce qui se rapporte à l'année 1721. Les préfaces mises en tête de chaque volume sont recommandables par la pureté de la doctrine, et par la modestie qu'elles respirent; quoiqu'elles soient écrites au nom des deux auteurs, elles doivent être attribuées à Marcello plutôt qu'à son associé, par la raison qu'elles traitent presqu'exclusivement de la musique. Elles sont toutes dignes d'être lues; les professeurs devraient surtout méditer la première et pour ainsi dire l'apprendre par cœur, tant elle est remplie de sens et de lumière. Les exemplaires se répandirent promptement, et les nouveaux psaumes furent exécutés en tous lieux, ce qui était une chose facile dans ce temps-là, en raison de la grande quantité de bons chanteurs que l'on rencontrait presque partout : aujourd'hui cela deviendrait impossible (20). Il suffira de dire que partout où on les entendit, le plaisir qu'on en éprouva surpassa tout ce qu'on en avait imaginé tant à Vienne qu'à Rome, à Augsbourg, et à Londres, dont je parlerai en particulier. L'auguste empereur Charles VI, amateur et grand connaisseur de la belle musique, désira entendre ces nouvelles compositions; il en parla à l'ambassadeur vénitien qui écrivit sur-le-champ à Marcello; il fit venir de suite les huit volumes et fit imprimer séparément les paraphrases en forme de petits livres que l'on pouvait distribuer aux assistants; il en donna avis à sa majesté, qui fut présente à l'exécution, plusieurs fois, et avec les premiers seigneurs de sa cour.

Les psaumes furent admirés, applaudis; l'illustre auteur recueillit alors le fruit le plus digne de ses études et de ses fatigues, car il ne pouvait souhaiter de plus nobles auditeurs; ils furent ensuite exécutés à Rome au palais de la chancellerie apostolique avec une très-grande magnificence,

aux frais de son éminence Ottoboni, vice-chancel-
lier de la Sainte-Église. Les premières parties
étaient chantées par les premiers artistes : Dominique Ricci, Pasqual Betti, Joseph Carminati,
Blaise Ermini, qui, depuis, n'eurent pas leurs
pareils. Pour remplir les chœurs, on avait choisi
les vingt-quatre meilleurs chanteurs de la chapelle pontificale; ils étaient soutenus en outre par le
clavecin d'abord, ensuite par huit violoncelles et
huit contre-basses des plus habiles. Cette superbe
musique était interrompue de temps en temps par le
récit de diverses compositions poétiques qui, pour
la plupart, étaient écrites à la louange de quelque
fragment des paraphrases et de la musique qu'on
exécutait dans la soirée. Ces poésies étaient dues à
des personnages distingués dans la prélature, ou
de l'académie des Arcades qui, à cette époque, était
au plus haut degré de splendeur (21). Les poésies,
les discours qui se prononcèrent en ces occasions,
sont oubliés : peut-être que la chanson de François
Lorenzini, gardien général de l'académie, est de
ce temps ; elle commence ainsi : *Signore, sedel tuo
sagio aureo intelletto etc.* Seigneur, si de ta sage
et céleste intelligence etc. ; le poète s'adresse plus
loin au cardinal Ottoboni et lui dit :

E siccome sentir facesti a noi
Sopra quale armonia del sacro altare,
Puri dovrebber gl'inni al ciel levarse :

> Così spero additar di quali armarse
> Saette la poetica faretra
> Debba, e qual arco alto vibrarle all' etra,
> Tanto ch' al piè d'iddio possan fermarse.

Et ainsi que tu nous fis entendre sur quelle harmonie les hymnes, de l'autel sacré devaient s'élever pures vers le ciel, de même, j'espère faire voir de quels traits doit s'armer le poétique carquois, et quel arc doit les lancer jusques au ciel afin qu'ils puissent s'arrêter aux pieds de Dieu.

Et vers la fin il ajoute :

> Ben è felice questa nostra etade,
> In cui trovossi chi di zelo armato
> All' inno rese il suo piu nobil vento,
> E riaperte l'interrote strade
> Dé più leggiadri illustri fregj ornato
> A se il raccolse in un sol sagro canto ;
> Tal ch'io rasciugo dalle ciglia il pianto.....

Heureux notre âge qui voit le zèle dont s'est armé celui qui rendit à l'hymne sa plus noble splendeur, et qui, r'ouvrant les chemins interrompus, paré des plus brillants ornements, la recueillit dans un chant unique et sacré ; de même que je sèche les pleurs qui coulent de mes yeux.....

Suivant ce que je pense, les grands seigneurs de cette époque eurent alors le premier exemple de la forme la plus parfaite des *académies* musicales ; je veux parler des académies réglées de manière qu'indépendamment de l'avantage présent, celui de passer agréablement quelques heures, elles peuvent produire quelques fruits plus durables pour l'avenir. On assure qu'un amateur noble et riche, à l'imitation du cardinal Ottoboni, fit exécuter chez lui

un choix de compositions musicales les plus estimées des Italiens comme des étrangers, et que dans
les intervalles des morceaux de musique, on récitait quelques observations judicieuses sur le mérite
des compositions qu'on venait d'exécuter et dont
on discutait les causes en cherchant à les découvrir.

Quelle école fut jamais plus utile, plus profitable à
l'art que celle où concouraient à la fois l'expérience,
l'observation, la pratique et la théorie, à démon-
trer clairement chaque qualité comme chaque défaut! quelle forme de société, de conversation
pourrait-on imaginer plus gaie, plus convenable
au goût de chacun ? mais avant peu sans doute les
réflexions présentées sous forme littéraire ne se
borneront pas à la musique ; il est permis à toute
personne sensée qui pense, réfléchit, de s'étendre
sur tous les arts, sur les sciences, parce que, de
toute manière, une interruption convenable au
chant ou à l'exécution, l'alternative de ce qui flatte
l'oreille et de ce qui nourrit l'esprit, est la réunion
de plaisir la plus utile comme la plus agréable (22).

Mes idées et mes désirs m'éloignent de mon sujet; reprenons le fil de ma narration et attendons
patiemment que le hasard, ou la fortune, fasse
naitre cette pensée salutaire à ceux qui pourraient
en avoir la volonté et qui en ont les moyens.

Les cinquante psaumes furent exécutés à Ve-

nise en douze soirées; et les paraphrases, imprimées en autant de livrets, furent distribuées aux
auditeurs, afin que chacun comprît mieux ce qu'il
écoutait : cette dernière précaution fut en quelque
sorte inutile à Rome, attendu la supériorité de la
prononciation des chanteurs romains.

Je ne ferai que transcrire ici ce qu'écrivit à Marcello le célèbre Jean Mattheson, maître de musique
à Hambourg où l'on cultivait alors et où l'on cultive
encore aujourd'hui la musique. Toute la lettre est
digne d'être lue; elle se trouve en tête du sixième volume, mais je ne puis résister au désir d'en citer un
extrait. « Le chant mélodieux de votre excellence
» s'insinue dans l'oreille sans s'y arrêter et pénètre
» jusqu'au cœur dont il accroît l'attention. Les
» airs sont d'une si noble simplicité qu'ils semblent
» familiers et se comprennent facilement, tandis
» qu'ils sont néanmoins riches d'ornements au-
» dessus du vulgaire, d'expressions exquises, à
» ce point qu'il est impossible qu'ils ne produisent
» pas l'admiration. J'ai eu l'honneur de faire en-
» tendre en public dans notre cathédrale une
» partie de vos excellentes compositions; leur mé-
» rite est de n'avoir pas diminué la beauté des
» paroles de monsieur Giustiniani en les transpor-
» tant dans notre langue. Cette entreprise fut exé-
» cutée par trente personnes choisies et habiles
» chantant avec l'ensemble des anciens lévites et

» la grâce qui est le caractère de la manière mo-
» derne. La congrégation fut véritablement en-
» chantée par la nouveauté de la mélodie; en un
» mot, il semblait que tous les assistants fussent
» ravis de joie. Chaque parole entendue distincte-
» ment faisait une grande partie du charme et
» était l'une des causes de leur admiration, par la
» raison que cet avantage se rencontre rarement
» dans notre musique, bien qu'à mon sens ce soit
» une partie fort essentielle. Le dimanche elles
» furent répétées dans une autre église, suivant
» la manière indiquée par votre excellence; de sorte
» que, comme on disait anciennement *à la Pales-*
» *trina,* ici maintenant on dit *à la Marcelliano.* »

Plus tard finalement, ces psaumes furent entendus en Angleterre, où ils furent estimés et entendus plus long-temps que partout ailleurs. Les
Anglais firent pour l'ouvrage de Marcello, ce que
nous devrions faire maintenant pour ceux de Handel; ils traduisirent dans leur langue la poésie de
Giustiniani, avec le soin de conserver la même
mesure dans les vers et la même manière d'accentuer. Ils en firent une belle réimpression qui fut
terminée vers 1760. Il y a à Londres une assemblée
périodique où l'on exécute aux frais d'une société
d'amateurs les compositions des plus célèbres maîtres morts depuis long-temps. Cette institution est
très utile, parce qu'elle conserve dans la mémoire,

le souvenir des hommes habiles et de leurs œuvres, et fournit les moyens de connaître parfaitement par la comparaison si les modernes s'appro-
chent de la perfection , comme beaucoup de
personnes le présument, ou si au contraire ils s'en
éloignent ; une semblable institution serait actuellement bien nécessaire en Italie (23).

Lorsque les psaumes de Marcello furent connus
à Venise et ailleurs, quelques-uns d'entre eux obtin-
rent la préférence sur les autres ; mais mon opinion est que chacun, en son genre, est également
parfait. La variété d'effet qu'ils produisirent fut at-
tribuée à la variété de sentiments qu'ils renferment
comme aussi à la disposition des auditeurs ; cependant, je dois dire que ceux qui parurent les
plus remarquables sont le vingt-unième et le cinquantième, accompagnés des basses et des quintes;
et ceci est remarquable, en ce que cela tend à
prouver que la douceur séduisante des instruments
ne diminue en rien le charme et l'effet des voix.

L'opinion commune des gens les plus instruits
est que la musique entraîne puissamment à la dévo-
tion; et l'expérience alors en fournirait la preuve,
car le révérend Père Jean Marchioni assure, dans
ses mémoires, que les psaumes de Marcello opérè-
rent beaucoup de conversions. Ils échauffaient les
plus froids et arrachaient des larmes aux plus in-
sensibles ; mais ce qu'il y a de plus singulier, c'est

que l'auteur dut le rétablissement de sa santé à
leur efficacité : la Providence éternelle l'avait ainsi
décidé.

Depuis long-temps déjà il vivait comblé des
honneurs que lui avaient mérités ses talents pour
la poésie et la musique ; son oreille écoutait avec
complaisance le doux murmure de la louange, et
quoiqu'il assistât à tous les banquets, à tous les
théâtres, à toutes les espèces de fêtes , enfin, ou
d'assemblées de gens d'esprit, manière de vivre
fort dangereuse à coup sûr, il ne s'abandonna cependant jamais aux passions qui auraient pu ternir sa réputation. Les vérités saintes de la foi
avaient en lui de solides racines, et il satisfit d'une
manière exemplaire à tous les devoirs de la religion ; mais emporté continuellement par les aveugles mouvements de la nature corrompue qui,
chez lui, étaient violents et l'importunaient fréquemment, il n'est pas étonnant que la crainte
des punitions futures ait manqué d'efficacité sur
cet esprit ardent. Je n'oserais en parler avec autant d'assurance si, lui-même, animé sur cette
matière délicate d'un véritable sentiment de péni-
tence et d'humilité chrétienne, n'avait fait en
quelque sorte la satire de ses propres actions ;
dans un de ses sonnets à Dieu, il dit :

> Otto lustri gia vissi : ahi come scrivo
> Che vissi, et vissi tanto ! anzi degg'io

> Morte vera chiamar quel viver mio
> Nel fango involto, e di tua grazia privo.

Huit lustres déjà j'ai vécu : hélas ! comment puis-je écrire que j'ai vécu , et vécu si long-temps ! je dois au contraire appeler ma vie une mort véritable, enveloppé de l'erreur et privé de ta grâce.

Et au commencement de son poëme de la rédemption, il dit encore :

> Ma un reo d'oltre otto lustri, e quel son io,
> Come posso sperar grazia si rara ?
> Troppo innanzi a me sta d'ogni error mio
> Fissa memoria.

Mais un coupable de plus de huit lustres, et ce coupable c'est moi ; comment puis-je espérer une grâce si rare? chacune de mes erreurs est trop bien fixée dans ma mémoire.

Ailleurs, il déplore l'abus du génie employé à des fins basses et terrestres :

> Ma quante, quante ancor note profane
> Questa man non segno, quando mi prese
> Musica a miglior'anni? e qual rimase
> Frutto d'ore si lunghe indarno spese?

Mais combien, et combien encore cette main n'écrivit-elle pas de chants profanes quand le goût de la musique me prit dans mes jeunes ans? et quel fruit me reste-t-il de si longues heures inutilement employées?

Plus loin il confesse en l'accusant son inutile ambition des honneurs :

> Deh ! infinita pietà, spargi d'oblio
> Tanti di vane Laude alteri fumi.

Ah ! bonté infinie, répands l'oubli sur les orgueilleuses fumées de tant de vaines louanges.

Tel était l'état intérieur de son âme quand il se décida à écrire sur les cantiques sacrés de David. Lorsqu'il commença cet ouvrage, de salutaires pensées se réveillèrent en lui et l'occupèrent nuit et jour de diverses manières. Quand il chantait dans ses psaumes, où il joignait souvent sa voix à celle des autres chanteurs, on voyait ses yeux et son visage enflammés, et cependant il ne pouvait encore rompre sa chaine, tant elle avait d'empire sur lui. Un incident imprévu lui porta un coup salutaire et lui communiqua la force de se vaincre lui-même. Le 16 août, fête de st Isidore, il fut à l'église des sts Apôtres entendre la messe ; comme il s'avançait vers le maitre autel, une dalle sépulcrale se rompit sous ses pieds, et il tomba dans la fosse jusqu'à la moitié de la poitrine ; néanmoins, il conserva toute sa présence d'esprit et en sortit sans donner le moindre signe d'épouvante ; mais le soir de ce même jour, étant retiré chez lui et s'étant mis au lit, où il ne pouvait dormir, il fut tourmenté par diverses pensées qui assiégèrent sans relâche son esprit. Où serais-je maintenant, se disait-il, si, comme aujourd'hui, au lieu de tomber vivant dans la sépulture, j'y eusse été porté mort ? cela doit arriver un jour, j'ignore quel sera ce jour !... Ébranlé enfin par la grâce toute-puissante du Dieu de miséricorde, il détesta avec un repentir sincère ses fautes passées et résolut fermement de mener à l'avenir une vie entièrement opposée : dans ces salutaires dispositions ses esprits se calmèrent et il s'endormit.

Le jour suivant, s'étant levé rempli des lumiéres célestes, et se rappelant qu'il était la veille, comme il l'écrivit lui-même, enveloppé dans les ténèbres de la mort, il dit : *hæc mutatio dexteræ Excelsi*, ce changement est opéré par la main du Très-Haut. Il alla incontinent trouver le père Fermo Girardi, pieux confesseur de la compagnie de Jésus, et se mit sous sa direction. Il rompit dès ce moment, non-seulement les relations dangereuses, mais sans exception toutes celles qu'il avait eues jusqu'à ce moment, et on peut dire que pendant plusieurs années il n'eut de conversations familiéres qu'avec le révérend père Marchionni dont il connaissait depuis long-temps la piété (24). Marcello, habitué comme il l'était à penser et à agir continuellement, ressentait ce besoin plus impérieusement encore dans la solitude ; c'est alors qu'il conçut le projet d'écrire un poëme épique sur le grand mystère de la rédemption. Il consacra à Dieu, de cette manière, ses conceptions poétiques comme il avait fait de ses plus belles compositions musicales, ce qui se trouve formellement indiqué par ce passage, mis en tête de son manuscrit : *Exudit me de lacu miseriæ et de luto fæcis, et immisit in od meum canticum novum, carmen Deo nostro* ; elle m'a consolé dans ma misère , soulagé de son fardeau et changé mon ode en un nouveau cantique à la louange du Seigneur.

On reconnaît aisément l'élévation d'âme de Marcello à la grandeur de ce dessein ; son ouvrage est divisé en trois parties : la première traite de l'incarnation et parcourt le temps qui la précéda ; la seconde parle de la naissance du Rédempteur et conduit le lecteur jusqu'à l'époque de son baptême ; la troisième termine l'ouvrage par son ascension au ciel. La narration est interrompue par des digressions sur les sciences, les arts , qui servent aux besoins et aux plaisirs de la vie humaine. Son but, en ceci, était de donner aux poètes l'exemple d'une nouvelle épopée capable d'intéresser et de plaire sans batailles et sans amour. Il n'ignorait pas l'extrême difficulté d'une semblable entreprise ; mais il avait fait un choix d'amis éclairés qu'il consultait, auxquels il communiquait tout ce qu'il écrivait, et il notait sur un livret toutes leurs observations.

Il travaillait avec une activité extrême et s'abstenait presque entièrement des compositions musicales qui faisaient cependant son plus grand plaisir. Quelquefois il s'asseyait à son clavecin ; mais comme il avait remarqué qu'en s'abandonnant à l'entraînement de son génie il y restait plus longtemps qu'il n'aurait voulu , il résolut d'éloigner de lui ces occasions, et il le fit fermer de manière à ne

s'en pouvoir plus servir. Monsieur le comte Mazzucchelli avance même dans ses mémoires que la
musique avait fini par lui devenir presque odieuse,
et qu'il disait que « s'il le pouvait, il mettrait dans
son testament qu'aucun de ses descendants ne
pourrait s'appliquer à cette étude.»

J'ai fait à ce sujet de soigneuses recherches : la
chose n'est pas vraisemblable et ne s'est pas con-
firmée. Il détestait la musique molle et profane, de
même que la corruption qui s'introduisait déjà de
son temps dans la musique d'église (25), mais
non pas celle qui était réellement bonne, et qui
avait été pour lui un si puissant stimulant à la conversion.

Sur les derniers temps de son séjour à Brescia
en qualité de camerlingue, il fit exécuter, pour
complaire à ses amis, quelques-uns de ses Psaumes à l'oratoire des révérends pères Philippiens,
parmi lesquels les auditeurs remarquèrent avec
ravissement le **XXIII** , surtout à ce passage : *Tol-
lite portas principes vestras*; l'auteur, qui chantait avec le chœur, en paraissait lui-même singulièrement ému. Il mit encore en musique différents
morceaux à l'usage de l'Église : les Lamentations
de Jérémie, le Cantique *Benedictus*; l'hymne
Te Deum, en parties, à une ou deux voix; partie
en chœur; le psaume *Miserere*, et trois messes ,
l'une accompagnée par des violons, par des basses

et l'orgue seulement. On assure que dans l'une de ces deux dernières, au passage *Crucifixus etiam pro nobis,* outre le profond recueillement qu'inspirait une belle et savante harmonie, il semblait aux auditeurs entendre les coups de marteau. L'autre fut appelée par lui *Il messone,* la grand' messe, à cause de son style majestueux et soutenu. Il la fit pour la prise d'habit de sa nièce au monastère *della Celestia,* de la Céleste : cette cérémonie fut fixée au jour de la Transfiguration de Notre-Seigneur. L'introduction de la messe commence ainsi : *Illuxerunt coruscationes tuæ orbi terræ;* et, ce qui paraîtra hors de croyance, c'est que les voix des chanteurs n'étaient soutenues que par deux orgues, quatre violoncelles et quatre contrebasses, et que néanmoins cet ensemble produisait un tel effet, qu'il semblait voir passer des rayons de lumière et des éclairs, tant la musique répondait bien à l'esprit des paroles. Marcello fit don de ces derniers travaux à l'église de sainte Sophie, dont le curé était frère du révérend Jean Marchionni, son grand ami.

Ces partitions furent exécutées un grand nombre de fois, tant que les deux frères Marchionni vécurent; mais ensuite elles tombèrent entre les mains de gens qui connaissaient mieux le prix de l'argent que celui de la bonne musique, et qui les vendirent à un Anglais, juste appréciateur de leur valeur : par cette raison, elles ne se trouvent plus à Venise,

à l'exception du chant des ténèbres, dont il resta
une copie chez M. Ventura Prezzolo. Pour revenir
à ce qu'avance M. Mazzucchelli, il paraît positif
qu'il ne prit point les discours de Marcello dans
leur véritable sens ; il est clair, au contraire, qu'il
ne blâmait que les écarts, les abus de l'art, mais
non pas l'usage régulier, raisonné, que lui-même
avait si doctement pratiqué.

Il ne survécut pas plus de dix ans à sa conversion,
et il les employa en entier à sa sanctification. Il di-
visait la journée en trois portions : l'une pour les
devoirs de sa place ; une autre pour l'étude ; la dernière pour l'oraison : celle-ci était toujours la plus
étendue. Il jeûnait souvent, mais en lui l'amour
de Dieu n'était point séparé de l'amour du pro-
chain ; aussi était-il extrêmement libéral envers
les pauvres : il avait pour tous une âme vraiment
paternelle : ce qui fit que des larmes coulèrent de
tous les yeux lorsqu'il mourut. Cette perte fut regardée comme une disgrâce commune; j'ai entre les
mains et je transcris la minute du père Jean-Baptiste Cinelli, carmélite, et un de ses intimes amis:
« En s'éveillant le matin, il priait Dieu, récitait
l'office de la bienheureuse Vierge Marie, à laquelle
il était très dévot ; il attribuait à son intercession
la miséricorde que lui accordait son divin fils. Il
s'habillait, et ses premiers pas le portaient à l'église
des Mineurs Observantins, parmi lesquels il avait

choisi pour guide spirituel le père Basile Faponi. Il
s'agenouillait et écoutait la messe; ensuite, il se rendait où son ministère l'appelait. Il administra constamment avec la plus grande intégrité. Il commu-
niait et se confessait religieusement deux et trois fois
la semaine. Après le dîner, il travaillait aux pôesies
sacrées qu'il publia, et surtout au poëme de la Rédemption, pour lequel il consultait tous les huit
jours les amis qui venaient le visiter. Les principaux étaient l'abbé Louis Avogadro, chanoine de
S. Jean-de-Latran, professeur de théologie; M.
Marc Capello, poète ingénieux et vif; le comte
Jean Marc Mazzucchelli, et deux illustres théa-
tins, le père Jérôme Gradenigo, élevé depuis au
rang d'archevêque d'Udine, et le père Jean-Baptiste Scarella, estimé en philosophie et en mathé-
matiques. Sur le soir, il allait à la promenade; mais
avant il allait à l'adoration du S. Sacrement et recevoir la bénédiction. J'étais presque toujours du
nombre de ceux qui l'accompagnaient; mais nous
ne pouvions goûter le plaisir de sa conversation,
parce que sa pensée était toujours occupée de ses
travaux auxquels il ajoutait quelquefois vingt,
quelquefois trente vers; il entrait alors dans la première boutique qu'il rencontrait, et les écrivait
sur-le-champ. »

Ainsi cet homme infatigable ne cessait de travailler, même lorsqu'il semblait se récréer.

Il n'était pas possible qu'un semblable genre de vie, continué avec une si grande application d'esprit, ne hâtât pas sa mort. Il s'apercevait lui-même que ses forces diminuaient de jour en jour; cette triste certitude l'excita à supplier Marie, dans le XXe chant de son poëme, de lui accorder assez de vie pour qu'il pût le terminer. Il avait l'espoir que cet ouvrage pourrait être utile et qu'il inspirerait la piété aussi efficacement peut-être que ses Psaumes ; c'est ce qui faisait naître en lui un si vif désir de ne pas le laisser imparfait.

Outre la décadence de ses forces, il sentait à la poitrine une douleur sourde, à laquelle son ami, le comte François Roncalli, habile médecin, n'avait pu apporter remède. Il se décida à se rendre au sanctuaire de Caravagge, sur les confins du Milanais, où l'on adorait une image de la Vierge, célèbre par beaucoup de miracles. Il se mit en voyage avec son confident Cinelli. A son arrivée, il courut adorer l'image sacrée ; il entendit une messe et éprouva beaucoup de calme d'esprit. Il se sentit plus gai qu'à l'ordinaire, à ce point qu'il crut pouvoir renoncer aux secours de l'art. Cette espérance dura peu. Quelques jours après, étant allé à la promenade à l'heure ordinaire, il éprouva de grandes douleurs ; il s'arrêta et dit à ceux qui l'accompagnaient : « Laissez-moi me reposer un moment, » la respiration me manque. » Il s'assit, et l'étouffement se dissipa. Alors il poursuivit sa route avec sa compagnie. Le jour suivant, il sentit, en prenant un médicament, un grand mal de cœur et rejeta du sang corrompu. Le comte de Roncalli, qui reconnut la gravité du mal, ne voulut rien décider seul; il appela M. Sovardo Sovardi, médecin fort instruit; tous deux, en présence du père Cinelli, décidèrent que le mal était incurable. Cinelli rentra pensif dans la chambre de Benedetto, qui s'en aperçut et le pria de ne lui rien cacher : « Quelle que soit la nouvelle, dit-il, je la recevrai comme si elle me venait de la part d'un ange. » Cinelli alors, les larmes aux yeux, lui annonça la décision des médecins et qu'il n'y avait plus d'espérance. Benedetto remercia doucement son ami, prit le crucifix, le regarda fixement et se rappela sa miséricorde, ses innombrables bienfaits. Peu après, il fit demander le confesseur, et le jour suivant on lui administra le viatique, qu'il désirait. Il pria Cinelli de ne pas l'abandonner dans ses derniers moments, ce qu'il fit constamment pendant neuf jours et neuf nuits. Marcello, sentant alors qu'il lui restait peu d'instants à vivre, fit de nouveau demander son confesseur : l'abbé Avogadro, déjà cité, et l'évêque l'assistèrent. Ils étaient assis en silence auprès de son lit et voyaient qu'il était inutile de chercher à lui inspirer du courage. Enfin Benedetto Marcello termina sa carrière le 24 juillet 1739, à l'âge de cinquante-quatre ans.

Il tomba, depuis cette fatale époque, entre les mains de l'abbé Avogadro un petit livre dans lequel Benedetto avait consigné de sa propre main toutes les actions de sa vie chrétienne depuis sa conversion ; de cette manière, il pouvait juger par la comparaison s'il marchait d'un pas égal dans le chemin de la vertu. Ce mémorial, qui ne devait pas peu l'occuper, prouve combien il était constant dans ses résolutions.

Il fut enterré à S. Joseph des pères Franciscains, dits Observantins, de la manière qui convenait à un homme d'un aussi grand mérite et de noble race. Son cercueil fut creusé dans le milieu de l'église. Sa femme, à qui il laissa tout ce qu'il possédait, fit mettre cette inscription sur sa tombe :

BENEDICTO. MARCELLO. PATRICIO. VENETO.

PIANTISSIMO.

PHILOLOGO. POETÆ. MUSICES. PRINCIPI.

V. M.

AN. CIƆIƆCCXXXIX. VIII. KAL.

AUGUSTI

Posuit.

Vixit. A. LIV. Menses XI. D. XXIII.

Il ne doit pas être passé sous silence quelle fut la femme de Marcello. Ce fut précisément cette Rosana Scalfi dont il a été parlé plus haut. Comme elle était de basse condition, Marcello l'épousa secrètement ; elle ne logea jamais dans sa maison, et jamais il ne la conduisit dans les villes où la république l'envoyait avec quelque charge (26). Il la laissa constamment sous la garde de sa mère, femme vertueuse à laquelle il avait assuré un état décent. Bien qu'elle fût parfaite musicienne, elle ne chanta jamais devant témoins que de l'aveu de son mari, qui conduisait quelquefois de ses amis chez elle afin qu'ils eussent le plaisir de l'entendre. Devenue libre, elle aurait pu facilement se rendre célèbre ; mais satisfaite de la fortune que son estimable époux lui avait laissée, elle ne chercha point à sortir de l'obscurité où elle avait été confinée jusqu'alors : exemple remarquable d'une excellente épouse, si l'on en doit croire Périclès qui disait souvent, que la femme véritablement vertueuse était celle dont les vertus n'étaient connues que dans son intérieur.

A l'égard du titre de prince de la musique qui fut donné à Marcello, il n'est pas un juge équitable qui ne convienne qu'il le méritait. Il fut parfait en deux genres tout-à-fait opposés : le sacré, grave, majestueux, et le profane, doux et gracieux. Il écrivit avec une grande célérité une infinité de productions dans l'un et l'autre genre, comme il arrive toujours aux hommes doués des avantages de la nature aidés de ceux de l'art.

Il avait une connaissance parfaite des ressources les plus abstraites; cependant, il ne fatigua jamais l'attention des auditeurs comme le font souvent les plus grands maîtres pour faire parade de leur savoir et de ce qu'ils peuvent faire. Il ne cherchait qu'à plaire, à émouvoir, et il y réussissait sans l'apparence du moindre effort, avec simplicité, pureté et facilité, réunion de qualités qui constituent le parfait talent.

Tel fut Marcello dans l'art de la musique, et peut-être n'eût-il point été inférieur à lui-même comme poète, si la fortune et le temps où il naquit lui eussent été aussi favorables sous ce second rapport.

La nouvelle de sa mort parvint à Rome et n'interrompit pas l'exécution de ses psaumes. Le cardinal Ottoboni députa à la célébration d'un service en son honneur, le père Conali, jésuite, illustre prédicateur, qui prononça son oraison funèbre. Plusieurs excellents poètes, et il y en avait alors un grand nombre dans cette cité qui était le centre des lettres et des beaux arts, se disputèrent l'honneur de célébrer ses louanges.

Il était petit de taille, brun de peau, les sourcils noirs et très épais, d'aspect grave et composé, le front sévère, ce dont on peut juger par son

portrait dessiné par le père bénédictin Louis Mo-
lino, frère de Sébastien et de Jean du même nom :
le premier, qui était sénateur, reçut de Marcello
le don de son poëme. Le second fut élu évêque de
Brescia et promu à l'honneur de la pourpre. Il reste
peu de choses à ajouter après ce que nous avons
dit. La société Vénitienne, qui s'était formée pour
l'exécution des psaumes, se refroidit dès que la
présence de Marcello cessa de l'animer, et peu de
temps après, elle fut dissoute. Il est étonnant que
la mémoire de ses ouvrages se soit peu soutenue
après les maîtres italiens qui lui succédèrent ; toutefois, on peut assigner diverses causes à cet oubli.
On remarquera d'abord que bien penser et bien juger ne saurait appartenir aux esprits vulgaires (27),
et qu'ensuite la musique tendait à un changement.
Les symphonies instrumentales commençaient à
séduire le peuple, et au style sage, large et vrai,
succédait l'enflure, le raffinement et la folie : cependant il y a encore quelques personnes de bon
goût amateurs du style de Marcello. Les Milanais
particulièrement ne pouvaient pas l'oublier; c'était
pour eux un beau modèle à suivre, à cause du rite
Ambroisien qui exclut les instruments à l'exception des basses et de l'orgue. St. Ambroise, évêque
de Milan, fut l'auteur de ce système musical à l'u-
sage de l'église pour laquelle il composa un recueil de chants sacrés; il mourut en 397. Ses œu-

vres ont été imprimées à Paris en deux volumes in-folio, en 1686. Néanmoins, il fut facile de s'apercevoir, aux premières épreuves qui en furent faites, que l'ouvrage et l'auteur n'étaient pas moins oubliés là qu'ailleurs.

Je rappelle toutes ces choses avec une intention expresse, afin qu'il soit bien entendu une fois qu'il n'est pas possible d'être bon juge en musique lorsqu'on ne sait que la musique; d'où il résulte que l'église sera toujours mal servie si le noble emploi de composer la musique sacrée est abandonné à des gens ignorants, n'ayant aucune connaissance des lettres et qui peuvent être vénales, ce qu'il y a de plus fâcheux, et obligés par besoin de se conformer aux sottises du peuple, à son aveugle légèreté, en dépit de leur propre bon sens, quand par hasard et par bonheur ils en ont conservé quelque portion (28).

NOTES.

—————

(1) Cette vie fut écr ite en langue latine par le père François Fontana, de la congréga tion de saint Paul, professeur de poésie et de lettres grecques au collége Impérial des nobles de Milan, et se trouve insérée dans le tome IX de l'œuvre : *Vita Italorum doctrina excellentium qui sæculo* XVII *et* XVIII *floruerunt*; *auctore Angelo Fabronio, accademiæ pisanæ curatore, Pisis* MDCCLXXXII.

(2) Les Italiens n'ont jamais eu et n'ont point de musique instrumentale proprement dite ; on n'en trouve dans aucune ville, dans aucune bibliothèque. Ils ont eu d'excellents exécutants sur le violon qui ont écrit à leur usage particulier d'admirables compositions, tels que les Corelli, les Tartani, les Puguani, les Viotti, etc., dont au surplus les noms, les œuvres, l'école, sont parfaitement oubliés sous le beau ciel de l'Ausonie. Ils n'ont eu, jusqu'à l'apparition de M. Rossini dont le génie fécond a opéré une si brillante révolution en Italie, aucune idée de la musique réellement instrumentale. Ce qu'ils nommaient improprement symphonie n'était qu'une espèce de ritournelle assez insignifiante, servant d'ouverture aux opéras comiques ou sérieux, indistinctement. Jusqu'au XIXe siècle, l'accord parfait, la septième dominante, leurs renversements et la coutume de la ville où l'on allait écrire, suffisaient parfaitement pour composer toute espèce d'opéra, dont on peut,

au surplus, consulter les partitions si l'on veut acquérir la preuve de ce que j'avance. Pour accompagner de semblable musique, il ne faut pas une grande habileté d'exécution sur le piano, ni un grand fond de savoir ; aussi tout le monde, en Italie, accompagne la partition italienne. Quelques passages en tierces, voilà pour les instruments à vent et par conséquent pour la main droite de l'accompagnateur ; quelques batteries, à contre-temps, le passage de rigueur : ut, sol, ut, sol, si, sol, si, sol, ut, sol, ut, sol, si, sol, si, sol, l'éternel et imperturbable crescendo, voilà pour les instruments à cordes ; la cadence parfaite à chaque phrase de quatre mesures, un point d'orgue à chaque période, et vous avez l'anatomie des quelques cent mille morceaux de musique inspirés par le beau soleil d'Italie. On peut appliquer à ce genre de compositions qui semblent toutes jetées dans le même moule, le sobriquet de *poussif* que les peintres emploient si plaisamment et si judicieusement pour désigner ces tableaux qui ressemblent plus à des calques qu'à des œuvres inspirées par le génie. L'art d'accompagner les chanteurs est, en Italie comme partout ailleurs, l'art de *ne point* aller en mesure. Ce n'est pas avec de semblables éléments, avec de pareilles dispositions, qui présentent toutefois d'heureuses exceptions au théâtre et surtout à l'église, que l'on peut se livrer au genre de la musique instrumentale et apprécier ses immenses richesses. Les oreilles délicates de ce pays ne sauraient supporter une quinte et quarte, une septième diminuée, et une neuvième mineure les ferait frémir d'horreur. Ignorer est un malheur ; mais mépriser, dénigrer ce qu'on ne connait pas, mérite un autre nom ; et que l'on se rappelle le trop fameux proverbe italien : « Dieu nous délivre de la peste et de l'Alceste de M. Gluck :

Liberi gran Dio il popol tuo della pesta,
Del signor Gluck ed anche dell'Alcesta.

On pensera peut-être alors que je n'ai rien dit de trop à
l'égard d'un peuple très-entier dans ses préjugés, dans sa bonne
opinion de lui-même, et l'on reconnaîtra que c'est vainement
qu'on voudrait lui faire goûter les belles compositions d'Haydn,
de Mozard, de Beethowen, etc.; enfin, tout ce qui réunit
l'énergie, la science, la chaleur, un sentiment vrai, profond,
ce ne serait pour lui que du bruit, ou de la musique barbare.

(3) Quelles sont les qualités qui constituent essentiellement
un grand compositeur? Le génie, la science, le talent, le sentiment, le jugement et le goût. Le génie, J.-J. Rousseau nous
l'a expliqué avec sa plume de feu; la science, les grands
maîtres nous l'enseignent; le talent, de longues et persévé-
rantes études nous le font acquérir; le sentiment, c'est dans
la nature et dans son cœur qu'il faut le chercher; le jugement,
qualité réfléchie qui consiste à se bien pénétrer de la situation
que l'on veut peindre, du caractère du personnage que l'on
doit faire parler, de l'espèce de langage qu'il est convenable
de lui prêter, de la durée rationnelle que doit avoir le morceau
qu'il doit exécuter : conditions toutes essentielles afin d'éviter
ces contresens révoltants, si fréquents, qu'ils feraient penser
que certaines musiques ont été écrites dans une maison d'a-
liénés. Le goût, mot vague, indéterminé, espèce de symétrie,
de rapport dans les formes, qui se sent et ne s'explique pas,
parce qu'il n'a pas sa source dans la nature qui ne change
pas, tandis que le goût change tous les quarts de siècle. Quelles
sont donc les couleurs, propres à peindre tant d'objets divers?
des sons. Voilà donc les éléments de toute œuvre musicale

éléments impalpables, incolorés et n'agissant que sur un seul sens : l'ouïe. Quelle finesse de tact! quelle délicatesse de sentiment! quelle connaissance du cœur humain ! quelle élévation de pensées n'a-t-il pas fallu pour enfanter des chefs-d'œuvre tels qu'Iphigénie en Tauride, Don Juan, Figaro, Euphrosine, Montano, Stratonice, le Requiem, les deux Journées, etc.; et c'est lorsque des hommes se sont élevés à une si grande distance du vulgaire que la critique ose chercher à les atteindre! Vaine tentative : les grands hommes doivent former le goût du peuple, et non se soumettre au sien. On doit tenter sans cesse de l'élever jusqu'à la hauteur des conceptions du génie, et non les faire descendre au niveau de ces intelligences obtuses qui ne les comprennent pas dans leurs hautes sphères. Que l'on se pénètre bien de cette vérité, que les fleurons les plus brillants comme les plus durables de la couronne des empires sont les sciences, les lettres et les arts.

Les réflexions pleines de justesse de l'historien, ont fait naître les miennes ; elles devraient être profondément méditées en France comme en Italie ; l'art y gagnerait du côté de la perfection, et les artistes du côté de la considération, ce que l'ignorance, la légèreté, le mauvais goût et la mauvaise foi leur refusent trop souvent.

(4) Ce jugement est une conséquence de la situation de l'époque. Alors, point de musique instrumentale, point d'instrumentistes symphonistes, point de goût ni d'éléments pour ce genre de musique : de plus, une prédilection passionnée pour les voix, au préjudice de toute autre espèce de combinaison possible ; on ne doit pas s'étonner que dans un pays riche en belles voix, dépourvu de tout autre moyen musical de satisfaire son goût dominant pour cet art, la musique vocale

ait été long-temps considérée comme la *plus parfaite*, la *plus sublime* qu'il fût possible d'entendre.

(5) Ceci admet des exceptions, j'en puis répondre. Il est des maîtres, je le sais, qui mettent un amour-propre tout paternel dans les talents de leurs élèves et les voient avec satisfaction se distinguer dans la carrière qu'eux-mêmes ont pris soin de leur ouvrir : mais il en est aussi qui souffrent avec peine les progrès rapides qui dépassent, peut-être, le but qu'ils s'étaient proposé. Ceci se fait remarquer surtout lorsque plusieurs élèves travaillent sous le même maître. Si celui qu'il prend en affection n'est pas celui qui se fait le plus ordinairement remarquer par ses dispositions naturelles, ou seulement par son application, ses condisciples encourent la secrète inimitié du maître. Ce n'est plus l'œil vigilant et indulgent à la fois du père commun qui les surveille, les éclaire ; c'est le regard austère du maître qui les observe avec une froide sévérité. Nulle faute de la jeunesse, de l'inexpérience, n'est pardonnée, et si, par malheur, quelque consanguinité se mêle à cette prédilection déçue, il n'est plus de bienveillance à espérer pour les autres élèves : on continue à les obliger, mais on s'irrite de ce qu'ils osent dépasser les bornes dans lesquelles on avait résolu de les contenir. Beaucoup d'hommes ont l'esprit ainsi fait : il n'y a rien là d'étrange. Quelques autres heureusement portent un cœur plus généreux, plus grand, moins exclusif, et consolent, par leur bonté, de la triste sécheresse dont tant de personnages, si recommandables d'ailleurs, donnent l'affligeant spectacle.

(6) Ils avaient aussi sans doute l'avantage immense de s'adresser à des oreilles capables de les comprendre : les siècles se suivent et ne se ressemblent pas. Je m'attends bien à en-

tendre les fanatiques partisans du temps passé et des étrangers s'écrier : Les Italiens sont mélodistes et nous ne le sommes pas ; ils écrivent simplement et nous sommes bizarres, confus, bruyants, enfin savants. Je répondrai à cela que : si les Italiens ont appris quelque chose en musique, c'est dans les écoles de France et de Flandre qu'ils l'ont puisé du XIIIe au XVIe siècle. Un travers d'esprit déplorable a constamment porté notre nation à s'engouer sans discernement pour ce qui vient de loin et à mépriser ses propres richesses dont elle ne sait ni apprécier le mérite, ni se faire honneur. Je soutiens que nous sommes au moins aussi mélodistes que les Italiens ; mais nous le sommes suivant le sentiment de la parole, de l'énergie, ou de la grâce du naturel : ce à quoi peut-être nos enthousiastes ultramontanistes ne comprennent rien. Nous écrivons simplement quand il le faut; les Italiens, en général, souvent quand il ne le faut pas. Nous écrivons plus purement qu'eux, ce qui peut ne pas être non plus de la compétence de nos *dilettanti* effrénés ; nous avons dans nos poëmes une action soumise à des développements, à la peinture des passions, à une dramatique raisonnée, régulière, à une unité de temps, de lieux, d'action que les aberrations du fantastique romantisme ne détrôneront pas. Je ne sais pas si ces messieurs et ces dames entendent toutes ces choses, mais je sais par expérience de visum-visu, que les Italiens s'affranchissent sans scrupule de toutes ces entraves, que le seul but qu'ils se proposent c'est d'être gracieux et qu'ils y réussissent à merveille ; mais, comme je l'ai observé ailleurs, n'employant qu'une couleur, ils n'ont point d'oppositions, conséquemment point d'effets. Ce que l'on traite fort légèrement de *confusion*, de *bruit*, de *bizarrerie*, est souvent le calcul d'une intention profonde, une ombre nécessaire au tableau, la peinture de quelque émotion forte que le bon sens répugne à exprimer avec fadeur, quelque idée neuve, piquante, dont la tournure surprend et ne se fait pas jour d'abord à travers des organes paresseux, prévenus, inexpérimentés, qui repoussent une pensée par cela seul qu'elle est nouvelle, et la blâment parce qu'ils ne la comprennent pas : à la vérité, cela est plutôt fait. On a dit avec raison : trois choses s'opposent constamment au progrès des lumières et de la raison, *l'habitude*, *l'amour-propre* et *la paresse*. Ce n'est donc qu'avec la plus grande circonspection, après un long et mûr examen, que l'on peut prononcer sur une proposition nouvelle. Nous sommes *savants*, dit-on : je n'en disconviens pas, et tout le monde n'en peut pas dire autant ; mais j'avoue que je suis étrangement surpris de la nouvelle acception donnée à ce mot, dont on s'honorait autrefois ; il est convenu maintenant que quand on n'ose pas dire brutalement qu'un ouvrage est mauvais, on dit qu'il est *savant* : sait-on bien ce que l'on dit, ou ce que l'on veut dire ? On répète à tout propos, sans savoir pourquoi, les mots de *simple*, de *bizarre* ! Sait-on bien d'abord que du simple au plat, il n'y a qu'un pas fort glissant, et qu'il faut autant de tact, de goût pour en juger, que pour éviter d'y tomber ? Sait-on que s'il fallait choisir d'être bizarre ou plat, il vaudrait mieux cent fois être bizarre, parce que le bizarre peut ne l'être pas au fond et donne l'idée de quelque mouvement dans l'imagination, tandis que le plat ne prouve que la nullité absolue. La musique n'est pas susceptible de peindre, dit-on ; qu'en sait-on ? connaît-on à fond ses ressources ? Et quand on les connaîtrait, arrive-t-il à tout le monde de savoir les employer ? La musique doit plaire, ajoute-t-on ; mais est-ce un simple jeu, ou un art? et chaque art n'a-t-il pas sa partie abstraite et sa partie sublime? et les chefs-d'œuvre doivent-ils donc être faits pour le peuple? Cela serait révoltant.

(7) La place St-Marc, sans être absolument la plus belle du monde, est à coup sûr fort belle; sa forme est celle d'un parallélogramme, ou d'un carré long; les bâtiments qui la décorent à gauche et à droite sont uniformes, ou à peu près, élevés sur une galerie garnie de boutiques dans toute l'étendue de la place, ce qui lui donne la plus parfaite ressemblance avec le Palais-Royal de Paris, attendu que cette galerie est percée d'arcades fort bien éclairées la nuit par des lanternes. Cette place est restée inachevée jusqu'au règne de Napoléon; c'est alors seulement que le vice-roi du royaume d'Italie, Prince de Venise, fit construire les bâtiments nécessaires pour la clorre par le haut et lui donner la régularité qui lui manquait de ce côté, ainsi que la communication continue des trois galeries correspondantes qui faisaient une promenade à couvert en cas de mauvais temps; le milieu de la place est entièrement dallé comme nos trottoirs; vers le bas, du côté de la mer, la quatrième partie est fermée par la façade de l'église de St-Marc qui achève de rendre cette belle place parfaitement carrée, au bout des bâtiments; à droite, en regardant St-Marc, est une petite place sur laquelle est la façade du palais du Doge : ce palais est aligné à St-Marc et présente sur le quai une seconde façade qui regarde la mer sur la rive qu'on appelle des *Esclavons*. Devant les trois portes de cette singulière cathédrale de St-Marc, qui, au premier aspect, ressemble bien plus à une mosquée qu'à une église catholique, sont trois grands mâts fixés sur des bases de pierre; au haut de chacun de ses mâts flotte une banderole; à la gauche de St-Marc, un

peu au-delà des mâts, est une tour carrée, isolée de toutes parts et qu'on m'a dit être le clocher. Sur la petite place, du côté de la mer, est une colonne de pierre sur le sommet de laquelle était le lion de St-Marc, que l'on a vu à Paris et dont les ennemis ont rapporté les débris à leur ancienne destination, après l'avoir maladroitement brisé en nous le dérobant, ainsi que les quatre chevaux de bronze doré du char du soleil à Corinthe, qu'ils ont rétablis dans les niches qu'ils occupaient au-dessus des portes de St - Marc. Les bâtiments des deux grands côtés, qu'on appelle *le procuratie vecchie* et *le procuratie nove*, ont quelques dissemblances réelles entre eux, mais on y fait peu d'attention. La majeure partie des boutiques qui garnissent les trois galeries, se composent de cafés qui ne ferment pour ainsi dire ni jour ni nuit et où il y a toujours du monde. C'est à peu près le seul lieu où on puisse se réunir en grand nombre; cette place est toujours très fréquentée; c'est là que se réunissent les chanteurs ambulants, les marion-nettes, enfin les bateleurs de toute espèce; ce lieu est tou-jours fort animé par la multitude de barques qui amènent à chaque instant du monde sur la petite place et en reprennent pour le transporter ailleurs; cette vue du côté de la mer est véritablement ravissante.

(8) Je soumets ici une remarque que je crois fondée. La méthode de chant des bons maîtres Italiens est très bonne sans doute; mais elle n'est point unique, elle n'est pas la seule bonne; il y en a, je le crois fermement, d'aussi parfaites. D'où vient donc cette supériorité apparente des chanteurs italiens, sur les nôtres, par exemple, sinon par la qualité, du moins par la quantité? de la nature de leurs voix, et ces voix dé-pendent elles-mêmes du beau climat sous lequel elles se for-

ment. Ce climat est chaud, sec, constant ; les saisons y sont régulières ; l'air y est pur, fin, subtil, léger, toujours échauffé par les rayons d'un beau soleil ; là, point de brouillards pestilentiels comme à Paris, d'humidité vénéneuse et destructrice, de bourrasques perpétuelles des quatre temps chaque vingt-quatre heures, de passages brusques du chaud au froid, du froid à l'humide, de l'humide à l'orage, de l'orage au froid ; rien en Italie, ne ressemble enfin à notre prétendu beau climat ; les aliments solides et liquides y participent de tous les avantages que j'ai énumérés plus haut et contribuent à donner aux organes de la voix la force, l'élasticité, le ressort, la souplesse, l'étendue, la vigueur qui justifient parfaitement l'historien de Benedetto Marcello lorsqu'il dit que, même parmi les gens du peuple, on croirait entendre des gens longuement exercés sur l'étude du chant. La souplesse, l'étendue, la justesse de leur voix, la facile émission de cet interprète musical que l'on peut remarquer à toute heure, en tout lieu, non pas à Venise seulement, mais dans toutes les villes placées sous le magnifique ciel de l'Ausonie, justifient pleinement l'opinion que j'avance ici ; la molle douceur de la langue est encore une cause accessoire de cette supériorité apparente, et si l'on en veut une dernière preuve, que l'on remarque bien que les Italiens qui font un long séjour en France, en Angleterre, ou dans quelque autre pays aussi malsain, y sont soumis à une foule de soins, de précautions, qui ne les empêchent pas de perdre insensiblement leur voix, à moins qu'ils n'aillent de temps en temps se retremper dans l'air pur, onctueux et pourtant vif et sec qui leur donna la vie. Cette vérité ressort encore de la comparaison des cordes harmoniques d'Italie avec les nôtres ; nous les fabriquons mieux et les leurs sont meilleures ; pourquoi ? C'est

que par toutes les raisons que j'ai exposées, la qualité du boyau
qu'ils emploient est infiniment supérieure à la nôtre. Expo-
sez deux timbales couvertes de peaux fortement tendues
l'une au soleil , l'autre à la pluie , ou bien encore l'une dans
un lieu sec et chaud, l'autre dans un lieu froid et humide,
puis comparez : vous aurez la solution complète du problème.
Une dernière preuve achèvera de militer en faveur de mon
opinion, c'est que ceux de nos compatriotes qui vont chanter
en Italie y gagnent en étendue, en force, en flexibilité, ce que
leur voix n'aurait point acquis, sans aucun doute, s'ils fussent restés en France : on sait assez que les meilleures voix que
possèdent nos théâtres viennent de nos départements méridio-
naux.

(9) Je m'étonne que l'historien traite de *défauts* les inver-
sions qui forment en quelque sorte l'esprit de la langue italienne et qui fourmillent dans la poésie, et même dans la prose;
ce qu'il serait facile de prouver à l'ouverture du premier livre
italien.

(10) Le mélodrame, qui fait les délices du peuple, quelque
atroce, quelque repoussant qu'il soit , serait peut-être facile
à justifier et pourrait se glorifier d'une illustre origine, car les
plus anciennes tragédies, si l'on en croit les historiens , les
tragédies grecques étaient mêlées de chœurs, d'hymnes chantés ; cet usage passa chez les Latins ; nous l'avions emprunté
long-temps avant l'établissement des théâtres qui exploitent
quotidiennement ce genre, et sans égards pour de chatouilleu-
ses susceptibilités. On peut affirmer que l'admirable tragédie
d'Athalie fut l'un des premiers, comme le plus sublime mélodrame français, puisqu'à l'instar des Grecs et des Latins , Racine y introduisit des chœurs chantés.

(11) La manière d'écrire dépend de la manière de sentir, et celle-ci dépend de la constitution des organes et du tempérament : les affections de l'ame même participent de la disposition individuelle, et sont, directement ou indirectement, soumises à l'influence qu'exercent immédiatement les sens sur l'intelligence. Les dispositions attractives à l'amour, lorsqu'elles viennent du cœur, excitent et développent la sensibilité; les œuvres alors, les actions, le langage, le regard, la physionomie, tout en un mot contribue à déceler la pensée intime de l'homme. L'auteur vit dans ses ouvrages et leur donne un cachet, une couleur, qui l'expliquent aux moins clairvoyants. Marcello ne pouvait échapper à cette loi commune ; l'observation méthodique a conduit le jugement que porte sur lui son historien. Ses réflexions sont dictées par un sentiment de ce qui est vraiment bien ; elles tendent à inspirer le respect pour les convenances dramatiques et surtout pour la véritable expression des paroles. Ces préceptes pourraient former un chapitre important d'instructions à l'usage des personnes qui se destinent à écrire pour le théâtre ; on aurait plus souvent des paroles faites pour la situation, de la musique faite pour les paroles, et un tout digne des personnes instruites, d'un sens droit et de bon goût.

(12) La vérité est que la réputation, la fortune d'un compositeur, aussi bien que d'un homme de lettres, dépendent de diverses causes totalement en dehors de son talent Pour juger des arts, il faut les connaître, les aimer, les comprendre, les sentir ; il faut être dégagé de prévention, d'esprit de coterie, de partialité, de mauvaise foi, d'insouciance; il faut savoir écouter ; il faut savoir reconnaître que telle œuvre a du mérite, non parce qu'elle est de tel auteur plutôt que de tel

autre, mais parce qu'elle est réellement bonne ; alors il faut d'abord savoir en quoi consiste le vrai bien ; mais combien de prétendus juges le savent positivement ? Les arts prennent leurs inspirations dans la nature, parce que là seulement est le vrai et le beau : plus ils l'imitent de près, moins ils risquent de faillir : la nature n'est point un *goût*, un *genre*, une *école*, une *manière*, c'est un sentiment. Or, quelles sont les dispositions de la majeure partie des auditeurs, en venant assister à une représentation dramatique, à un concert, à une simple soirée musicale ? Jusques à quel point sont-ils dans les conditions qui viennent d'être énumérées et qui sont rigoureusement indispensables pour porter un jugement éclairé et équitable ? . . . . Il paraît que ces questions subsistaient au temps de Benedetto Marcello et qu'elles n'étaient pas résolues d'une manière plus satisfaisante que de nos jours ; il a donc jugé convenable de se soustraire à une épreuve compromettante, dangereuse : il l'a pu, il a bien fait ; la postérité l'en a amplement dédommagé.

(13) Et depuis quand déroge-t-on en s'occupant de l'art de la musique ? Qu'est-ce donc que cet art a de moins honorable que celui de la poésie, et ne sont-ils pas tous jumeaux ? Dans quelle tête pourvue de sens est-il entré, que l'on entachait sa *noblesse* en composant des chants élevés, pathétiques, touchants, ou gais ? La musique ne fut-elle pas consacrée dans tous les temps, du fond du nord aux extrémités méridionales, au culte des dieux ? Les plus célèbres philosophes dédaignèrent-ils de s'en occuper ? Plusieurs Empereurs se crurent-ils dégradés en y excellant ? Plusieurs souverains des temps modernes rougissent-ils de cultiver cet art ? Ne contri-

buait-il pas à la pompe des triomphes, à la majesté des hymnes à Apollon? Les premiers chrétiens ne nous ont-ils pas transmis l'usage de le faire servir aux cérémonies du culte? St Ambroise, archevêque de Milan, St Grégoire, pape, ne s'occupèrent-ils pas de lui donner des constitutions? Ne devons-nous pas à chaque instant à cet art divin des émotions vives, des consolations douces? Une foule de grands hommes n'a-t-elle pas mérité les distinctions les plus honorables? L'historien de Marcello aurait dû se souvenir que, peu avant, il avait dit que : « les bons compositeurs de musique ne fu- » rent pas moins rares jusqu'alors que les parfaits poètes et » les grands orateurs ; » il se serait abstenu de donner cours à ce préjugé ridicule qu'il aurait dû taire pour l'honneur de Marcello. La véritable noblesse est dans le mérite, le talent, et nullement dans la naissance qui n'est qu'un jeu du capricieux hasard.

(14) L'historien n'a pas suffisamment développé sa pensée et semble confondre ainsi, involontairement sans doute, le *raffinement*, l'*enflure*, la *caricature*, qui sont incontestablement de graves défauts, avec les innovations du génie ; innovations toujours reçues avec envie par ceux qui ne sauraient y atteindre, avec humeur par ceux qui ne savent pas les comprendre, avec défiance par ceux qui examinent, analysent, au lieu de sentir, et qui craignent de se laisser surprendre par un entraînement dont ils croiraient avoir à rougir. Les arts n'ont pas de modèle plus parfaits que ceux que la nature leur présente ; mais c'est toujours la nature belle, pure, grande, noble, majestueuse, qu'ils doivent étudier, et non la nature basse, dépravée, la nature de carrefour, ignoble et dégradée : mais elle est vraie aussi, disent ceux qui salissent leurs crayons à pein-

dre des Truands et des Quasimodo : je ne le nie point; mais ce
n'est point cette nature que consultèrent Orphée, Amphyon,
Phidias , Praxitèle , Apelle, Homère, Virgile, Racine, Voltaire, Gluck, Mozard, Haydn, Boileau, etc. etc., et tant d'autres grands génies qui ont laissé d'immortels chefs-d'œuvre.
L'historien de Marcello devait avoir cette opinion, appuyée,
autant que cela pouvait être à l'époque où il vivait, sur les
grands hommes qui avaient déja illustré les âges écoulés , ou
qui brillaient au milieu de leurs contemporains : c'est par
inadvertance sans doute qu'il a omis de s'expliquer d'une manière plus concluante.

(15) La puissance de la mélodie est incontestable , sans
doute ; elle peut arriver aux plus grands développements de
l'expression dramatique des paroles ; cependant , Alexandre,
ses vertus, Thimothée, les Perses, un festin , Persépolis, un
incendie, sont des objets dont la peinture me semble exiger
des couleurs, des ombres, des masses, des oppositions, des effets, qu'il me paraît impossible de tirer du clavier d'un clavecin. Les ressources multipliées des orchestres de nos jours suf-
fisent à peine, entre les mains d'un homme habile, pour exprimer les affections diverses de l'âme et certaines circonstances dramatiques. Prétendre obtenir tous ces résultats de la
seule mélodie, sans l'appui d'une savante harmonie, sans le
secours des instruments, est je crois fort difficile, sinon impossible.

(16) La véritable cause de l'insuccès de cette tragédie n'est
pas là sans doute. La presque totalité de nos plus belles productions tragiques est fondée sur des sujets tirés de la mythologie et se trouverait dans le même cas. Cependant leur succès européen, constant, les a dès long-temps placées au premier

rang des modèles littéraires offerts à l'admiration, à l'étude de tout ce qui cultive les lettres et recherche les moyens de s'y faire un nom recommandable. On doit donc supposer que l'oubli dans lequel est tombée cette œuvre à laquelle avaient travaillé deux hommes d'un si rare mérite, avait quelque vice organique, inaperçu par ses auteurs, et qui devait amener promptement le discrédit dans lequel elle est définitivement tombée.

(17) L'usage de dégrader la moitié du genre humain, en la mutilant, est odieux sous tous les rapports. Si les chrétiens qui l'adoptèrent l'empruntèrent aux Orientaux qui faisaient garder leurs femmes par des eunuques, on doit s'étonner grandement qu'ils aient imité en ceci des peuples qu'ils traitaient d'*abominables*, et qui l'étaient bien plus réellement par cette coutume de cannibales que par leurs croyances religieuses. Si, au contraire, cette invention diabolique est due aux chrétiens, il est presque incroyable que les progrès de la civilisation n'aient point encore fait abolir cette monstrueuse pratique, conservée à la honte de l'humanité, sous l'absurde prétexte qu'il est *indécent* d'admettre des femmes à l'exécution des chants sacrés : ce que j'ai inutilement cherché à comprendre. En effet, on veut de la musique pour le service divin ; on veut des voix de femmes ; d'abord, puisque les femmes entrent à l'église et s'y placent parmi les hommes où bon leur semble, qu'y a-t-il d'*indécent* à ce qu'elles y chantent conjointement avec les autres voix indispensables à la formation d'un chœur musical, surtout lorsqu'elles sont placées en évidence et que le moindre de leurs mouvements peut être aperçu de toute l'assemblée ? A part l'horreur qu'inspire le sacrifice imposé à ces malheureux (sacrifice qui n'amène pas

toujours l'*heureux* résultat pour lequel il a été consommé), pour satisfaire de funestes préjugés , il est certainement plus scandaleux d'avoir dans les chapelles des *castras* que des femmes; car il est impossible de séparer de ces pauvres diables l'idée des conditions auxquelles ils ont obtenu cette voix factice et des privations qui en sont forcément les déplorables conséquences. Une jeune fille qui demandera à sa mère ce que c'est qu'un *castra*, l'embarrassera, je crois, étrangement; cette question fixera sa pensée sur un point qui doit mettre sa pudeur à la gêne et l'obligera à faire un mensonge pour déguiser la vérité que la curiosité et la nature feront découvrir tôt ou tard. N'y eût-il que ces conséquences à tirer, je persiste à croire mille fois plus indécent , sans aucune espèce de comparaison , l'emploi des *castras* à l'église que celui des femmes. Les *castras* ne peuvent éveiller que des pensées déplacées dans les lieux saints, et sont des êtres ridicules dès qu'il ne sont plus des objets de commisération ; les femmes n'y font naître d'autres idées que celles attachées à leur position dans la société , et elles ne doivent pas pouvoir être plus *indécentes* dans un lieu que dans un autre. Je pourrais peut-être m'étendre plus longuement sur ce chapitre et prouver par des faits les abus qui résultent d'un criminel préjugé , les graves atteintes qu'il porte aux mœurs en ouvrant une carrière exempte de crainte à des penchants effrénés et vicieux : mais ce n'est pas ici le lieu de jouer le rôle ingrat de moraliste : il est d'ailleurs des erreurs que l'on ne doit attaquer qu'avec la certitude et la puissance de les détruire si l'on ne veut s'exposer à voir retomber sur soi la verge des préjugés qui n'épargnent rien. La musique se ressent de cet entêtement qui détruit le genre religieux et ferme ainsi au talent l'une des plus belles routes par lesquelles l'art puisse arriver au sublime.

(18) Il est d'usage à peu près général en Italie d'interrompre la monotonie d'une soirée musicale, où l'on n'entend que du chant pendant plusieurs heures, par le récit de pièces de vers, ou de prose, écrites, ou improvisées à l'instant sur un sujet donné, ou par la personne qui reçoit, ou par quelqu'un de sa société. J'ai entendu à Rome chez Mme la comtesse de Solmes plusieurs improvisateurs renommés, et entr'autres Mme Bandettini. On lui donna pour sujet la destruction de Troie; elle se fit accompagner au piano un air assez simple sur lequel elle composait ses octaves, en les déclamant au milieu du salon avec beaucoup de véhémence ; mais ce que je trouvai plus extraordinaire, c'est qu'au septième vers de chaque octave, on lui prononçait à haute voix un mot pris au hasard dont l'improvisatrice s'emparait pour terminer son septième vers, et auquel elle faisait subitement rimer le huitième vers; ce qu'elle fit chaque fois sans aucune hésitation et sans paraître le moins du monde embarrassée. Ce jeu, auquel la langue se prête merveilleusement, prouve néanmoins une grande vivacité d'imagination comme aussi une extrême facilité d'élocution, sans parler de celle qu'on a à faire des vers italiens.

(19) Pendant mon séjour en cette ville fameuse, autrefois la reine des cités et de l'univers connu, aujourd'hui la capitale du monde chrétien, j'appris qu'un pianiste, homme de talent, réunissait chez lui chaque dimanche des chanteurs distingués, professeurs ou amateurs, pour déchiffrer d'anciennes partitions, et qu'ils se préparaient à exécuter les psaumes de Marcello, dont j'avais souvent entendu parler. Je m'empressai de me faire présenter chez M. Sirletti (c'est le nom du pianiste dont je viens de parler). Il m'accueillit avec politesse et bienveillance; je ne manquai pas une de ces réunions, et

j'entendis avec un plaisir indicible ces psaumes si renommés et qui me parurent justifier complétement leur haute réputation. Je les entendis tous bien chantés et bien accompagnés : je ne saurais dire si ces psaumes sont orchestrés ; je ne me le rappelle pas : toutefois, je ne le crois pas.

(20) L'historien oublie de signaler en même temps le goût des belles compositions stimulé, entretenu par les grands maîtres de l'époque et par leurs ouvrages, surtout par ceux consacrés au genre religieux, le plus noble, le plus large, le plus riche, celui qui permet tous les développements de la mélodie et de l'harmonie. Ce genre n'est point soumis aux caprices des chanteurs ni à ceux de la mode, parce qu'il s'inspire des beautés sévères et nobles de la nature et du sentiment ; ces guides infaillibles sont ceux que doit toujours prendre l'écrivain qui ne veut point s'asservir aux folies du vulgaire. Je ne prétends pas que l'on doive transporter le genre sacré sur la scène ; son austérité l'en exclut, et il y est rarement bien accueilli, plus rarement bien placé. Toutefois, on peut le prendre indirectement pour modèle lorsqu'on veut ennoblir, élever ses pensées vers le sublime. Ce style grandiose, dont nous privent nos incompréhensibles préjugés qui s'opposent au remplacement de ridicules et infortunés exécutants (les *Castras*) par des femmes, est à peu près relégué dans les bibliothèques ; fasse le ciel que l'art de chanter les merveilles de la nature et d'élever les âmes à l'amour des vertus ne devienne pas celui de faire crier et danser le peuple !!!

(21. L'académie des *Arcades*, ou *Arcadiens*, fut fondée par une réunion de littérateurs distingués qui ne s'occupaient que de conserver les bonnes traditions et de faire fleurir la poésie et les productions en prose. Bien qu'il y eût alors et qu'il y

ait encore parmi les membres de cette académie bon nombre de dignitaires dans la prélature, ils ne se faisaient point scrupule de prendre quelque nom de berger, comme : *Corydon, Tirsis, Sylvandre*, etc. Personne au surplus, à l'exception des étrangers, ne le trouvait étrange ; cet usage s'est conservé dans cette académie.

(22) Dans la société, en Italie, on écoute avec intérêt, avec un grand silence (choses inconnues en France, et à Paris surtout !) la musique que l'on chante, et les vers, la prose, que l'on y récite alternativement sur des sujets graves ou légers, sacrés ou profanes. Ce mélange de musique et de poésie, qui paraît d'abord singulier à un étranger, occupe agréablement l'attention et est fort préférable à la façon dont on dépense son temps dans nos salons ; qu'y vient-on faire en effet ? on y est toujours admis quand on est bien vêtu, c'est-à dire à la mode ; on entre sans dire bonjour ; on s'en va sans dire adieu ; on s'y rend pour y être vu, pour voir, pour jouer, médire, causer politique, bourse, affaires ; pour écouter ? point. Les jeunes femmes ne s'occupent que de toilette, de danse, de critique ; les gens mûrs s'atablent à l'écarté et s'en vont de mauvaise humeur d'avoir perdu leur argent, sans savoir qui l'a gagné et avec qui ils ont dépensé leur temps. Les gens d'esprit feraient piteuse figure s'ils s'avisaient de vouloir captiver l'attention d'une assemblée par le récit de quelque poésie sacrée ou profane, quelque discours sur l'histoire, les sciences ou la mythologie : ce n'est pas de cet esprit-là qu'il faut dans notre monde élégant. Malheureusement, les arts n'y sont pas plus heureux : que l'on juge alors de la triste condition des artistes !!!

(23) Elle serait utile partout : mais il faudrait qu'elle fût

présidée par un esprit persévérant d'équité, de sagesse, de bon goût, d'impartialité; demander aux institutions humaines tant de perfections, tant de durée, serait, je crois, chose fort téméraire. Et puis, en retirerait-on toute l'utilité qu'on s'en promettrait ?....

(24) Exemple déplorable de ce que peut la peur sur un cerveau affaibli ! Leçon utile toutefois, et qu'il est bon de signaler à l'attention de l'observateur qui reconnaîtra la puissance, la persévérance incessante de la fascination. Benedetto Marcello, homme de haute raison, d'esprit, de génie, de talent, le charme de la société, l'honneur de son pays, estimé de tous, entouré de nombreux amis honorés et estimés comme lui, ne fut point vulnérable jusqu'à l'âge de quarante ans; le fanatisme, qui veillait sur cette nouvelle proie, n'y put porter une main téméraire, tant que cette âme fortement trempée jouit de toute la plénitude de son énergie. Un jour, un incident fortuit vint apporter une grave perturbation dans cette organisation si vigoureuse, si lucide. Dès lors Benedetto Marcello fut perdu pour les arts, pour son pays, pour ses amis. Ce ne fut plus que l'ombre du grand génie se survivant à lui-même. Mais pour arriver à ce fatal résultat, par combien d'insinuations perfides, indirectes, ménagées d'abord, furibondes ensuite, jésuitiques enfin, n'a-t-il pas fallu passer pour parvenir à rendre suspect, puis méprisable, puis odieux, tout ce qui avait su mériter la confiance, l'estime et l'affection de l'un des plus grands hommes de son époque. Les détails fournis par l'historien les font aisément deviner. Ainsi, depuis cet instant, la vie de Benedetto n'offre plus qu'un long assoupissement entre la vie et la mort, qu'un assemblage de faits, de détails oiseux, insignifiants, que l'on aurait pu, que l'on

aurait peut-être dû supprimer afin de ne point ternir une belle carrière commencée sous de si brillants auspices et glorieusement terminée par l'œuvre admirable des psaumes.

(25) Cette corruption n'a fait qu'augmenter avec le temps; les styles, les genres sont confondus : la musique moderne, dans certains cas, pourrait être comparée à un fond de palette où l'on croit voir de tout et où l'on ne voit le plus souvent rien. Le goût a dégénéré à ce point qu'on estime à peine les productions des hommes qui ont fondé cette école dont les Italiens sont si fiers; dans la masse de musique qui se trouve chez les *dilettanti*, ou amateurs, on trouverait à peine un morceau de ces célèbres auteurs. Pendant les trois jours de *miserere* de la semaine sainte, indépendamment de celui que l'on exécute à Saint Pierre, il en est plusieurs qui se chantent dans des maisons particulières, où la société invitée se rend vêtue exactement de noir. J'en entendis deux à Rome en 1810 : l'un de Sarti, dont les chœurs sont d'un beau style, d'un caractère analogue à la gravité du sujet, et qui firent bâiller tous les auditeurs, tandis que les solos qui n'étaient que des airs d'opéras, à roulades assez maussades, et surtout fort inconvenants, enlevèrent tous les suffrages. Le second, que j'entendis chez la duchesse Lanti, avait été composé exprès pour cette dame et écrit pour trois voix de femme par il signore Fioravanti; il eut un succès prodigieux, qui ne me surprit nullement, car il était effectivement fort *joli*.

(26) Nouvel et triste exemple de la puissance des préjugés ! Marcello avait reconnu dans cette femme des qualités assez estimables pour le déterminer à lui faire partager sa fortune, son lit, et la raison n'était pas assez puissante chez lui pour combattre de vaines et ridicules opinions, et détruire les idées

insoutenables qui l'empêchaient de lui faire aussi partager son nom, sa maison et sa destinée. Les absurdes sophismes de l'orgueil, de la vanité, auront malheureusement encore longtemps plus d'empire sur le cerveau de l'espèce humaine que les enseignements de la raison et de la sagesse.

(27) J'appuierai fortement sur cette maxime qui présente une consolation utile pour les arts et pour les artistes : il ne peut y avoir d'œuvre parfaite dans quelque art que ce soit si l'on n'est d'une organisation délicate, noble, élevée, de laquelle doivent dériver les qualités que j'ai signalées ailleurs, et qui sont indispensables à un véritable artiste : le génie, la science, le talent, le sentiment et le goût. Or, quelle est la cause qui amène le développement de ces précieuses qualités ? la culture, l'éducation en un mot. Si l'éducation fait découvrir en nous et développe ces dons si rares, si un ouvrage estimable en tout point ne peut être que le résultat de cette haute organisation et des qualités que l'éducation a pour ainsi dire créées, il est donc évident que ce résultat se trouve, par ces causes, au-dessus de la portée et du jugement de tous les êtres que la nature et l'éducation n'ont pas mis en harmonie avec l'ouvrage à juger; je crois pouvoir conclure de ceci que les œuvres du génie qui s'élèvent au-dessus de la somme ordinaire de sens et d'éducation du vulgaire, ne peuvent être appréciés que par le petit nombre d'individus que la nature et l'éducation ont placés à la hauteur du génie et ne permettent qu'à eux seuls de les juger. Ces hommes alors redescendent dans le peuple, proclament le mérite, forment le jugement et dirigent l'opinion : tout homme jugé en dehors de ces conditions, s'il a la conscience de ses forces, peut hardiment en appeler à la postérité d'une condamnation erronée. Le génie et la science

ont leurs secrets que l'on ne peut deviner et auxquels il faut être initié avant de se permettre d'élever la voix sur leurs productions : il n'appartient qu'à l'ignorance et à la fatuité de juger sans savoir, sans entendre et de blâmer sans comprendre. Cet abus se fait sentir en France aussi bien qu'en Italie. Dans ce dernier pays, on juge la musique suivant de certaines formes et indépendamment de toute espèce de rapport, de convenance dramatique avec les paroles ; en France, on tombe dans l'excès contraire : on écoute la pièce ; si elle plaît, la musique est absoute et passe à la faveur du poète : on pourrait conclure de là qu'en Italie on fait peu de cas de la poésie et en France peu de cas de la musique. Je m'abstiens de pousser plus loin mes remarques sur des vices de jugement que ni moi ni d'autres ne réformeront.

(28) Le meilleur moyen de reconduire les arts à la barbarie, ou à la nullité, c'est de se conformer au mauvais goût du vulgaire.

Je ne me permettrai plus que quelques mots après cette imparfaite traduction. Après avoir entendu diverses compositions de Benedetto Marcello, et entre autres ses psaumes, j'ai éprouvé quelque plaisir à faire passer dans notre langue les éloges et les témoignages d'estime justement accordés à ce compositeur. J'ai tenté avec d'autant plus d'empressement de traduire ce qu'on a écrit sur la vie et les ouvrages de cet habile maître, qu'au travers du cliquetis de grands mots, de superlatifs employés jusqu'à satiété, on rencontre fréquemment de judicieuses observations qui prouvent un sens droit : chose rare, comme l'historien le reconnaît ! un véritable bon goût, ennemi déclaré de l'ignorance du vulgaire qu'on a trop écouté, auquel on se soumet beaucoup trop encore pour pouvoir se flatter de conserver long-temps la bonne route.

Ce petit ouvrage est terminé par une remarque bien affligeante et qui est aussi justement applicable à la France qu'à l'Italie : Que deviendra l'art de la musique après nos maîtres? Question, fâcheuse dont il est aisé de prévoir la réponse : ce qu'il est devenu en Italie. Cette perspective est pénible, surtout dans un pays comme le nôtre, où il suffit d'être étranger pour s'emparer de la faveur, des emplois, de la renommée, au mépris souvent du vrai mérite et des droits des nationaux qui, partout, devraient passer avant tout : mais nous sommes loin de compte sur ce point ; lorsque cette faveur tombe sur les talents, sur un compatriote, c'est tant mieux ; mais c'est presque toujours par hasard. De là cette foule de gens inconnus dans leur propre pays, dont notre capitale est inondée, et dont une *urbanité* mal entendue, qu'on pourrait qualifier bien différemment, paie la nullité du tribut arraché à la nationalité. Jamais en Italie on n'eut à déplorer ce travers ; jamais on n'entendra un Italien prononcer le nom d'un étranger, même distingué dans quelque art que ce soit, avant celui d'un compatriote, et s'il est forcé de lui rendre publiquement justice, il se fera aussitôt un rempart de tous les noms célèbres dont s'honore son pays. Nous, au contraire, méconnaissant, dédaignant même nos propres richesses, nous appelons de tous côtés l'étranger ; le plus insignifiant voyageur, dès qu'il a pu mettre un pied sur le sol d'Italie, et faire des ronds dans le Tibre, se croit en droit de dire : « Il faut avouer » qu'en France on n'entend rien aux arts; on n'y sait ni parler, ni chanter; les Italiens seuls savent tout et peuvent » tout nous apprendre. » Au temps des Visigoths cela pouvait être vrai ; mais de nos jours la comparaison faite consciencieusement et de bonne foi, changerait les poids dans la balance. Que résulte-t-il de cette manie inexplicable de n'accorder de capacité qu'à ceux qui sont nés à trois cents lieues? L'étranger, que sa médiocrité condamne à l'oubli dans son pays, vient avec assurance, avec une entière confiance en notre légèreté, en notre mauvais goût, en notre absence de discernement, et recueille, la tête haute, la considération, la fortune que refuse la sottise au talent modeste et silencieux. De retour dans ses foyers, jouissant paisiblement de nos largesses irréfléchies, il raille à l'aise notre engouement, notre versatilité : je n'avancerais pas ceci si je n'en avais eu moi-même la preuve. Il est juste sans doute de donner la part d'estime que réclame le mérite de tous les temps, de tous les lieux; mais je penserai toute ma vie qu'honorer avant tout son pays et ses compatriotes, cette belle loi si bien observée par les Allemands, les Anglais, les Flamands, les Italiens, doit être regardée comme le premier devoir de quiconque croit avoir une patrie.

En discutant les opinions qui me paraissent les plus sensées, j'ai cherché une règle pour les miennes. L'ouvrage dont j'offre la traduction m'a fourni des préceptes, que je crois sages, unis à des exemples où se trouvent réunies toutes les conditions qui constituent la bonne musique. Les sentiments énoncés dans cet ouvrage m'ont paru si conformes aux miens en ce qui touche à l'art de la musique, que je n'ai pu me défendre contre le désir d'en faire le rapprochement, et ce que j'ai dit dans ces notes ne me semble que le développement de ce que j'ai traduit; je ne saurais être accusé que de rechercher, avec trop de chaleur peut-être, l'honneur des arts et de ma nation que le ciel puisse guérir de sa légèreté.

NOUVELLE
MÉTHODE DE CHANT,

PAR

MARCELLO PERINO.

RECTEUR ET ADMINISTRATEUR DU CONSERVATOIRE ROYAL
DE SAINT SÉBASTIEN, A NAPLES;

Traduite de l'Italien,

AVEC DES NOTES.

AVANT-PROPOS.

Riche de toutes les gloires auxquelles l'ambition des hommes peut aspirer, la France voit avec un juste orgueil ses enfants brûler avec un égal succès leur encens sur les autels de Mars et des Muses. Féconde en héros dont les noms appartiennent à l'histoire, ou sont promis à la postérité, elle ne manque ni de poètes éloquents pour célébrer leurs hauts-faits, ni de modernes Amphyons prodigues des trésors du génie et de l'harmonie, ni de voix mélodieuses pour leur servir d'interprètes.

Les malheurs récents de la Grèce, ceux de l'illustre Pologne, attestent que dans tous les rangs de la société des voix dignes d'exalter leurs vertus nationales se sont mariées aux pleurs que faisaient répandre tant d'infortunes imméritées.

Gloire donc aux femmes françaises ! gloire aux talents de toutes les classes ! dont les généreux efforts ont fait fructifier l'obole de Bélisaire. Les angoisses de la souffrance apaisées par le concours des arts et les accents de la beauté, impriment à cette mission qu'inspiraient à la fois l'honneur, l'humanité, un caractère gracieux, mélancolique, piquant, fruit unique de l'époque également unique qui le vit éclore.

Et en effet, n'est-il pas de toute justice, n'est-ce pas un devoir que de rendre un éclatant hommage à la vérité en consacrant un souvenir à cette circonstance toute palpitante d'intérêt où, parmi les beaux arts, celui de la musique était appelé, comme prédestiné, au touchant emploi d'éveiller la bienfaisance par l'attrait séduisant du plaisir, où tout ce qu'il y avait de distingué dans les deux sexes par les qualités personnelles, par une haute position sociale, réunissait en commun leurs talents pour secourir de nobles misères, et prélevaient en leur nom, par l'ascendant irrésistible des plus pures jouissances, un impôt qu'acquittait avec empressement la sensibilité publique unie au bon goût.

Souhaitons avec ferveur que parmi nous de si beaux exemples aient toujours de nombreux imitateurs. La beauté ne dérogera jamais par les talents qui font l'ornement et le charme de la vie civilisée, et c'est en faire un digne usage que de les faire servir à soulager d'honorables disgraces.

Cultiver avec amour l'art délicieux de la musique dont l'action est si puissante, dont les ré-

sultats font naître dans l'âme tant de vives et douces
émotions ! c'est se préparer, pour un avenir rap-
proché, de nouveaux moyens de plaire en charmant l'oreille qui est le chemin du cœur, un passe-
temps délicat exempt de regrets et d'ennuis, des
plaisirs toujours renaissants qui n'entraînent après
eux ni dangers ni remords ; un moraliste aimable
et spirituel l'a dit, en parlant du penchant pour
la musique : « c'est la seule passion qui ne puisse
pas devenir un vice. »

Les ressources de cet art sont immenses, ses
combinaisons infinies, ses moyens d'exécution
multiples et variés ; une foule d'instruments divers
lui assurent de nombreux et brillants auxiliaires.
Mais celui de tous qui, du droit le plus positif,
le plus absolu, prend place au premier rang,
c'est la voix. La voix ! ce nouveau présent du ciel
fait aux humains, comme si le don de la parole
ne suffisait pas pour leur assurer la suprématie
dans la hiérarchie des êtres organisés et vivants ;
la voix ! ce charme magique qui fit éclore dans
l'imagination ardente et voluptueuse à la fois d'un
peuple éclairé qui fut dans les arts le maître du
monde et sera long-temps encore son modèle, cette
fiction si touchante d'Orphée attendrissant par ses
accents les sinistres hôtes des Enfers et leur arra-
chant son Eurydice ravie à sa tendresse à la fleur
de ses ans ; la voix ! qui par la bouche des syrènes,

vainquit la sagesse d'Ulysse, et le livra aux piéges
que lui tendait l'insidieuse Circé; la voix ! toujours
souveraine, qu'elle célèbre la majesté des dieux,
les transports de l'amour, les lauriers de la victoire, ou les attraits innocents de la vie champêtre.

Y a-t-il en effet quelque chose de plus divin que
les accents du sentiment, de la mélancolie, de la
douleur, de la joie, sortant de la bouche d'une
belle personne ? la laideur même perd sa difformité
lorsqu'elle parvient par un chemin inconnu que
lui révèle le talent à émouvoir les âmes.

Toutefois, cet organe sonore, instrument de
prodiges, ne doit pas demeurer inculte s'il veut
jouir de la plénitude de ses avantages. Cause naturelle et première, c'est au talent seul que cette
cause doit ses plus magiques effets ; mais ce talent
ne peut être que le fruit d'une étude profonde,
laborieuse et patiente.

Cette étude est spécialement celle du chant;
c'est l'exercice appliqué par le travail à l'organe
chantant, pour le rompre, le soumettre et le rendre docile à la volonté qui le dirige comme au
génie qui l'inspire.

Par ce travail, on développe, on augmente le
volume, la force de la voix, on recule les bornes
de son étendue, on assouplit ses différentes cordes,
on corrige ce qu'elles peuvent avoir d'âpre ou d'in-
certain dans l'intonation.

N'est pas chanteur qui le veut ; ne l'est pas toujours même qui le peut : je m'explique. On peut être excellent chanteur avec une voix médiocre, disgracieuse même, pourvu qu'elle soit juste ; mais on peut être aussi très inférieur dans la carrière du chant avec une belle voix ; pourquoi ? C'est que dans le premier cas, l'art et le travail suppléent à ce qu'a refusé la nature ; tandis que dans le second, la nature sans guide, sans culture, se livre à ses instincts sans émulation, sans goût, et finit tôt ou tard par retourner au néant ou à la barbarie.

De la voix ! Tout le monde a de la voix ; tous les peuples chantent ! Chez celui-ci, c'est un sentiment ; chez celui-là, c'est une sensation : chez cet autre, c'est un goût ; et je ne fais en ce moment allusion qu'aux trois principaux peuples qui dominent l'Europe musicale, car pour tous c'est un besoin ; mais, comme je viens de le dire, pour le premier, ce besoin vient de l'âme ; pour le second, c'est une excitation sensitive ; pour le troisième, c'est une fleur de plus dans le parterre des plaisirs.

Ainsi donc, et par rapport au chant, qui est une partie si intéressante de l'art musical, comme pour tous les autres arts libéraux, l'étude, la réflexion, le travail, l'observation, la persévérance sont évidemment les moyens d'arriver à la perfection, surtout lorsque le capricieux destin daigne accorder en aide à ses favoris, indépendamment d'une belle voix, la sensibilité du cœur, la finesse du tact, l'élévation des sentiments et la noblesse de l'âme.

Le vulgaire insouciant qui ne voit dans les arts que des jouets ingénieux créés pour l'amuser; dans les artistes que des instruments propres au plus à diminuer les ennuis de la fastueuse opulence, ce vulgaire, notre maître, notre juge pourtant, ne sait pas qu'il faut unir toutes les hautes qualités, toutes! au génie, à la science et au talent qui les met en œuvre, pour mériter réellement le beau titre d'artiste!

Ce vulgaire, qui dispose des existences comme des renommées et tue souvent, par inadvertance, les unes en se jouant des autres, s'il savait ce qu'il en coûte de temps, de peines, de méditations, de travail, pour arriver à l'entier achèvement d'une œuvre, même faible, qui se présente devant lui, il serait moins prompt, et plus modéré dans ses jugements.

Mais cette œuvre musicale long-temps caressée en secret, mûrie avec soin, et que je suppose parfaite, n'est qu'une lettre morte, tant qu'elle n'a pas vu le grand jour de l'exécution; et cette exécution ne peut être que le résultat du concours simultané d'une foule de bras, de volontés utilement disciplinées du sein desquelles la voix s'élève comme un beau lis au milieu des trésors du printemps.

C'est donc à la voix qu'est réservé l'honneur d'être le plus éloquent interprète des pensées du compositeur. Ses qualités principales, les unes naturelles, les autres acquises, doivent être : l'étendue, la force, le timbre, la justesse, la souplesse, l'agilité.

Deux moyens puissants, infaillibles, contribuent également à faire atteindre au but que l'on doit se proposer en toutes choses : la perfection ; et ces moyens sont : la méthode et le travail.

Il n'est aucune partie des connaissances humaines en général, et des arts en particulier, qui n'ait son code d'instruction. Si, malgré ces doctes enseignements, basés sur une longue expérience, sur le sentiment du vrai beau, nous avons à déplorer les écarts de quelques imaginations fantastiques et malades, rassurons-nous ; il est dans la moderne Athènes un temple où siégent toutes les lois vivantes de la raison ainsi que du bon goût. Là, se conservent, comme un feu sacré, les saines doctrines sous la garde des lucides traditions, des grands modèles et de la sagesse.

La France, on ne saurait le nier, ne le cède à aucun pays du globe en illustrations de toutes espèces, et pour ne parler que de l'art musical, pour me renfermer dans ce qui est spécialement relatif à celui du chant, qui fait l'objet de cet écrit, il est évident que beaucoup de Français et de Françaises ont fait, ou font encore l'ornement des scènes étrangères et la gloire de notre école ; que nous possédons dans toutes les classes, même les plus élevées, des cantatrices, des chanteurs du premier ordre, des maîtres habiles, savants, profonds, capables de propager avec les plus brillants succès un talent qui occupe une place si éminemment distinguée dans la hiérarchie musicale.

Nous n'avons donc rien à envier à qui que ce soit sous le rapport de l'enseignement comme de ses plus précieux résultats ; toutefois, comme il est de l'essence du vrai mérite de savoir le reconnaître sans partialité comme sans engouement exclusif, là où il se manifeste, sans acception de nationalité, comme l'ouvrage dont j'offre la traduction est l'œuvre d'un homme de science, de capacité, jouissant d'une réputation justement méritée, on ne se refusera point à reconnaître dans son livre des préceptes utiles, des descriptions instructives, des détails neufs, présentés d'une manière claire, concise, d'autant plus faciles à comprendre qu'ils sont renfermés dans un cadre assez resserré pour que, sous un seul point de vue, on puisse envisager, pour ainsi dire du même coup d'œil, l'ensemble de la théorie, sans que sa brièveté nuise à l'étendue, à la solidité, à la clarté, si nécessaires dans les ouvrages d'enseignement.

A aucune époque la musique ne fut aussi généralement cultivée en France qu'elle l'est de nos jours ; jamais non plus elle ne compta un aussi grand nombre d'adeptes distingués et ne put se glorifier de tant de succès en tous genres. Ce penchant presque unanime pour les arts atteste la douceur, la politesse des mœurs et un entraînement irrésistible vers une civilisation toujours plus perfectionnée. Des goûts si nobles, des pensées si élevées ne sauraient être trop encouragés. Aux puissants de la terre appartient l'action qui vivifie et fait éclore des fruits généreux ; aux artistes, la tâche modeste et laborieuse d'ouvrir la route qui mène à la gloire, d'y servir de guide, d'indiquer les écueils, d'aplanir les obstacles, d'abréger le trajet. C'est à cette louable et difficile mission que j'ai tenté de m'associer en traduisant cet ouvrage que je crois propre surtout aux personnes qui ne se proposent point de faire de la musique leur profession à venir et qui ont besoin tout à la fois d'une méthode claire qui les instruise, mais qui ne les effraye pas par une trop longue perspective de travaux et d'ennuis à surmonter.

Puissent mes souhaits être accomplis ; puisse un bienveillant accueil se charger du soin d'acquitter mes efforts et mes veilles ; je serai largement récompensé de mes travaux, mon ambition sera pleinement satisfaite, si je suis assez heureux pour rendre un léger service à la classe éclairée des

nombreux amateurs des deux sexes qui consacrent
leurs heureux loisirs au culte des muses et qui,
disciples privilégiés d'Euterpe, sont appelés par
le charme mélodieux de leur voix à prendre part
aux concerts destinés à embellir sa cour et à célébrer sa puissance.

NOUVELLE
MÉTHODE DE CHANT.

CHAPITRE I.
Définition et objet du chant.

On nomme *chant* la durée du son exprimée par la voix humaine, ou par la voix factice de quelque instrument. L'objet du chant, par le moyen de la voix humaine, est d'exprimer la mélodie d'une composition musicale et de faire ressortir le sentiment des paroles qui lui servent de base, suivant l'extension dont elle est susceptible. L'objet du chant obtenu de la voix factice d'un instrument est de peindre, sans le secours des paroles, le même sentiment (1).

D'après ce qui vient d'être dit, il est évident qu'en musique tout est chant, de quelque nature qu'il soit, vocal, ou instrumental ; et que ce chant ne pourra parvenir à produire l'effet désiré, c'est-à-dire exprimer les affections de l'âme, les passions qui se disputent l'empire de la raison et du cœur, si le compositeur ne s'en est pas d'abord pénétré, s'il ne les a pas comprises sous les termes ordinaires du langage qui les représentent, afin de pouvoir ensuite les reproduire par la puissance de la mélodie, ou par le langage musical en général.

Les exécutants doivent pareillement chercher à bien saisir l'esprit de ce langage s'ils veulent en pouvoir développer toute la force. Bien que ces observations contiennent des préceptes spécialement relatifs au chant exprimé par la voix humaine, ils pourront néanmoins, dans un grand nombre de cas, servir de règle à la plupart des instruments (2).

CHAPITRE II.

Examen de la qualité, ainsi que de l'extension de la voix.

Pour que l'on puisse juger de la qualité ainsi que de l'extension de la voix, il est indispensable d'attendre que l'instrument de la nature, ou si l'on veut, que les organes par lesquels elle se forme et se transmet, soient arrivés à leur entier déve-

loppement, comme à leur dernier degré de perfection et de maturité : ce qui ne peut être que la
conséquence de l'achèvement de la croissance de
la machine humaine. Quelque voix que ce soit,
avant l'accomplissement de cette période, est in-
certaine, précaire, fausse, et l'exercer inconsidérément à l'étude laborieuse du chant, c'est vouloir
contraindre la nature à faire plus qu'elle ne peut,
c'est risquer d'altérer les organes croissants, de
les affaiblir, de causer enfin la perte totale de la
voix et des accidents nuisibles à la santé.

Après l'entière consolidation des organes, lorsque
tous les changements à intervenir dans la machine
ont cessé, lorsqu'aucune révolution n'est plus à
redouter, on peut alors apprécier avec certitude
la qualité de la voix; on peut reconnaître si elle
est agréable, sonore, grave ou aiguë, étendue ou
circonscrite, forte ou faible, si elle est souple ou
rétive, si elle entonne naturellement juste, si elle
est secondée par une oreille harmonique, etc.; c'est
alors seulement que l'on peut juger son volume,
ses différentes divisions au grave, au médium,
à l'aigu, et décider enfin si elle est de *basse*, de
taille, de *haute-contre*, ou de *dessus* (3).

La voix humaine, de quelque nature qu'elle
soit, possède le plus souvent deux qualités de sous
correspondant à deux *registres* différents. Par ce mot
de *registre* on comprend l'échelle entière du grave

à l'aigu, des sons appartenant à une même région : ainsi on dit registre inférieur ou voix de poitrine, registre supérieur ou voix de tête. Les sons réels appartiennent à la région de la poitrine ; ceux-ci sont produits, poussés par la force pleine et naturelle du souffle ; et les sons du fosset ou de la tête, se forment par la compression de la partie supérieure de la trachée qui touche immédiatement à la tête (4) ; ceux-là ne pouvant recevoir le même volume de souffle, sont nécessairement plus faibles. Les recherches du maître devront avoir pour but principal à cet égard l'extension des cordes, ou des sons appartenant à chacun des deux registres ci-dessus indiqués, l'observation de la valeur des uns et des autres et particulièrement la différence de force existant entre les deux cordes limitrophes formant le point de contact et de jonction entre les deux registres. Ce point de jonction entre les deux *registres* varie dans les voix d'homme ; dans les voix de femme, c'est communément la note *sol* qui est la corde limitrophe. Cette note est ordinairement dure, fausse, et ce n'est qu'avec le travail qu'on parvient à l'assouplir, à l'ajuster, à l'égaliser, et à obtenir le passage facile, régulier, de cette note, qui est la dernière, à l'aigu, de la voix de poitrine, au sons qui commencent le *registre* des sons de la voix de tête. Il devra prendre ensuite la méthode d'instruction qui lui paraîtra

la plus convenable relativement aux circonstances
particulières de la voix qui viennent d'être mentionnées et qui seront amplement expliquées au
chapitre de la formation des sons.

Les voix, de leur nature, étant dissemblables
entre elles comme les physionomies, la perspica-
cité de l'instructeur doit s'appliquer, lorsqu'il se
présente une voix dépourvue d'agrément et de sonorité, à reconnaître quels en sont les défauts,
d'où ils dérivent, afin de décider ensuite avec connaissance de cause s'ils peuvent être, ou non,
corrigés par les secours de l'art. De même, si l'intonation n'est pas juste, il devra rechercher avec
soin si cela vient de l'imperfection naturelle des
organes, ou de quelqu'autre cause éventuelle. Dans
le premier cas il serait à craindre que les efforts de
l'art ne fussent impuissants; dans le second, c'est-
à-dire lorsque ces défauts sont reconnus corrigibles,
il y a lieu de croire que les soins de la culture ne
seront point donnés en vain.

Si cependant avant l'entier développement de
la machine on voulait pressentir la réussite de la
voix, dont la beauté dépend immédiatement de la
parfaite structure des organes par lesquels elle se
forme, sans parler des autres parties physiques
qui y sont accessoirement employées, dans ce cas,
dis-je, ce devrait être, non le maître, mais l'anatomiste au regard pénétrant et exercé qui observe-

rait la disposition, la qualité de ces organes. Il aurait à examiner attentivement l'intérieur de la gorge, ainsi que le recommande M. *Mansini*, dans son ouvrage, à savoir si la *glotte* et la *larynx* sont débarrassés des glandes dont ils sont fréquemment affectés, si la *luette* ou *épiglotte* est légère, peu charnue, si le palais est dégagé d'excroissances ou de cavités extraordinaires, si la membrane dont il est revêtu est intacte et peu épaisse, si la langue est agile, si la bouche n'est pas démesurément large, si elle n'est pas difforme, si les lèvres sont régulières, peu épaisses, fermant également, si les dents sont serrées, si le nez est écrasé ou aquilin, etc.; si aucune de ces parties essentielles à la formation de la voix ne se montre défectueuse, il y a lieu d'espérer qu'elle viendra à bien. De toutes les manières cependant, jusqu'à ce que toutes ces parties aient reçu leur entier accroissement, comme elles sont exposées à subir des altérations, on ne pourra compter avec certitude qu'avec le temps matériel nécessaire sur les qualités exigées dans la voix : il suffira simplement de l'entendre pour juger sciemment et décider si elle est ou n'est point arrivée à son degré de maturité (5).

CHAPITRE III.

Recherches sur le talent, le génie et la construction organique.

La seule beauté de la voix ne suffit pas pour constituer un chanteur ; il faut encore que la nature l'ait pourvu de l'intelligence nécessaire pour bien comprendre la théorie musicale, des dispositions particulières pour la musique ainsi que du génie, et enfin d'une constitution organique propre à l'exécution ferme et assurée des cantilènes (6). Ces trois conditions, outre celles dont il a déjà été parlé, sont d'absolue nécessité et ne peuvent être remplies l'une sans l'autre ; si l'une d'elles venait à faire défaut, il serait à craindre que le reste ne pût se soutenir et ne rendît impossible la réussite du chanteur dont la constitution physique est d'ailleurs exposée à des désordres possibles.

Tout ce qui appartient au sublime ne peut être que le résultat du génie et du talent ; l'étude et l'application influent sur l'esprit humain, de même que le soc de la charrue agit sur la terre ; mais le travail ne sera jamais bien profitable là où le sol est naturellement stérile. Si donc les dons naturels de l'intelligence et du génie manquent à celui qui se destine à la carrière du chant, il ne parviendra jamais à devenir sublime.

Ces propriétés de l'esprit ne pourraient cependant être utilisées si elles ne devaient se combiner avec les propriétés physiques, puisqu'il manquerait, pour ainsi dire, la matière à la forme. Enfin, un génie prononcé pour la musique, un talent sublime, une voix mélodieuse, ne pourraient produire l'effet qu'on a droit d'attendre du chant, si une poitrine faible, un médiocre volume de souffle empêchaient la voix d'agir librement, de renforcer, de modifier ses inflexions, suivant la nature des diverses expressions. Au mépris des empêchements physiques, si l'on s'obstinait à poursuivre l'étude du chant, comme le résultat ne saurait dissimuler un effort pénible qui ne peut jamais plaire, le chanteur risquerait à la fois de s'attirer le blâme et de tomber dans quelque affection maladive. Il est donc bien démontré que sans intelligence, sans génie, sans une belle voix, sans force physique, on ne peut être chanteur. Un maître prudent ne saurait négliger d'examiner avec soin si son disciple réunit les qualités qui viennent d'être énumérées, attendu que si elles manquaient en tout, ou en partie, son travail serait infructueux ; l'élève, en employant mal son temps, nuirait à ses propres intérêts, dans le cas surtout où il aurait formé le projet de faire du chant une profession lucrative.

CHAPITRE IV.

Notions préliminaires de la musique.

Il est superflu d'entrer dans les détails des notions préliminaires de la musique relatives au chant : ces notions sont nécessairement connues lorsqu'on s'en occupe. Toutefois, il faut convenir que ces notions, touchant les termes techniques de l'art, sont plus étendues que celles que l'on donne ordinairement; ces termes doivent donc être expliqués à l'élève, afin que lorsqu'il les entend articuler, ils ne lui paraissent point neufs, et qu'il n'en confonde pas l'idée et le sentiment. Il faut qu'il sache, par exemple, que l'*harmonie* et la *mélodie* ne sont pas une seule et même chose, comme quelques personnes le croient ; mais que la première est la combinaison de plusieurs voix, ou de plusieurs instruments entendus simultanément, ou ensemble, tandis que la seconde n'est relative qu'au chant d'une seule voix, ou d'un seul instrument. Il faut qu'il sache encore que la période contient le sentiment complet d'une cantilène, ou mélodie; que la phrase est une partie du

sentiment de la mélodie à laquelle doit correspondre la totalité du sentiment de cette même
cantilène ; que l'on nomme *ton principal* celui
dans lequel est écrit la première période avec laquelle les cantilènes subséquentes doivent avoir
un entier rapport ; que les dénominations des mesures de temps appliquées à la musique, sont, les
unes paires, les autres impaires, et naissent du nombre de mouvements introduits dans la mesure ; que
l'on doit nommer jumeaux, ou doubles, les temps,
ou mouvements, s'ils sont deux, triples, s'ils sont
trois, quadruples, s'ils sont quatre, et sans les
confondre les uns avec les autres, comme cela
arrive quelquefois ; que l'on peut remplacer les
indications obscures de *soupir, demi-soupir*, etc.,
adoptées en musique pour désigner les silences rem-
plaçant les valeurs de *noire*, de *croche*, etc., par
les noms raisonnés et clairs de *moitié* (pour la
blanche), de *quart* (pour la noire), de *huitième*
(pour la croche), de *seizième* (pour la double croche), etc., de mesures à temps *pairs* et de mesures
à temps *impairs*, en admettant, suivant le cas, les
divisions de tiers, de sixième, de douzième, de
vingt-quatrième, etc., dont ces mesures sont susceptibles (7).

Indépendamment des instructions déjà données,
de celles qui seront progressivement détaillées
dans les chapitres suivants, il est nécessaire que

l'élève connaisse, outre les signes usités en musique, celui qui indique la gradation de la voix du faible au fort et sa dégradation du fort au faible. Ce signe, fort en usage dans les musiques étrangères et non dans la nôtre, consiste en deux lignes qui se réunissent à l'une de leurs extrémités pour former un angle aigu qui sert à indiquer la gradation du faible au fort lorsque l'angle est sous la note et que les deux lignes s'éloignent de gauche à droite, et à marquer la dégradation du fort au faible lorsque l'angle et le développement des deux lignes sont en sens contraire, c'est-à-dire de droite à gauche. Le maître fera bien d'employer cette figure, surtout dans les cantilènes d'études par lesquelles on fait passer ordinairement les élèves ; elle servira de règle, de signe visible, indiquant la manière de développer et de porter la voix.

CHAPITRE V.

Position de la bouche (8).

Il ne devrait pas être nécessaire de donner des préceptes pour enseigner à ouvrir la bouche dans l'intonation des sons combinés en cantilènes avec les paroles, puisque, d'elle-même, la nature y a pourvu ; mais comme, malgré sa prévoyance, on voit les chanteurs tomber dans beaucoup de défauts, commettre beaucoup d'irrégularités par l'effet des mauvaises habitudes (fruits de la négligence), il est utile de recourir aux moyens de préserver de ces inconvénients, ou du moins, de les corriger ; et comme on ne pourra que très difficilement maintenir les élèves éloignés des mauvaises pratiques, si, tout d'abord, ils ne sont instruits des véritables règles auxquelles ils doivent se conformer, suivant le vœu de la nature, de la méthode et du goût, il est urgent de les exposer suivant les indications réunies recueillies à cet égard à ces trois diverses sources.

Ouvrir la bouche pour articuler les sons combinés avec les paroles, est la même chose que l'ouvrir pour articuler les voyelles combinées avec les consonnes ; il n'y a d'autre différence que celle de la tenue du son, de l'intonation, et de la faculté de communiquer aux sens par l'entremise de l'oreille un plaisir d'une plus longue et plus flatteuse durée. Or, si, pour exprimer simplement les cinq voyelles de l'alphabet, ou bien lorsqu'elles sont unies aux consonnes, la nature a disposé la bouche de manière à exécuter cette articulation de deux façons diverses, c'est-à-dire en l'ouvrant *verticalement*, de bas en haut, pour l'énonciation des deux premières et de la quatrième, et *horizontale-*

ment pour l'énonciation de la troisième et de la dernière, les mêmes moyens, les mêmes directions *vertic ales* et *horizontales* doivent être propres à la bouche dans l'articulation des sons combinés avec les paroles, ainsi que pour celle des voyelles combinées avec les consonnes.

C'est donc par cette inaltérable méthode donnée par la nature elle-même qu'il faut guider les élèves depuis le commencement jusqu'à la fin de l'étude des cantilènes, en surveillant la disposition de la bouche afin de la préserver de toute vicieuse habitude. Il faut l'ouvrir plus ou moins sans doute suivant le passage nécessaire à donner à l'émission des sons graves, médium, ou aigus, et à l'expiration, ou à la répulsion, si l'on veut, du volume de souffle nécessaire pour les exprimer avec plus ou moins de force ; mais, dans quelque cas que ce soit, suivant les instructions ci-dessus énoncées, il faut obtenir que la mâchoire supérieure soit perpendiculairement maintenue au-dessus de l'inférieure sans le moindre dérangement et à peu près dans l'état du simple sourire, de manière à ce qu'elle conserve dans cette position naturelle, ou rectifiée, un aspect calme et gracieux.

La négligence avec laquelle certains disciples ferment leur bouche, ou l'ouvrent avec exagération dans l'action du chant, produira toujours un résultat défectueux ; dans le premier cas, la voix resserrée, forcée de passer au travers des dents, n'a ni éclat, ni douceur ; dans le second cas, comme elle est en quelque sorte à l'abandon, comme elle divague au dehors, elle ne peut facilement moduler ni varier ses inflexions.

Les professeurs ne doivent pas négliger de faire remarquer à leurs disciples ces erreurs, source de plus grands désordres dans lesquels tombent beaucoup de chanteurs qui croient donner de la grâce à leur chant en usant de mouvements impropres de la bouche, des yeux, de contorsions pénibles du visage et de la personne, qui sont hétérogènes, contraires à la perfection du chant, inconvenants, appartenant au seul genre comique et propres seulement à causer du dégoût, de l'ennui aux assistants qui aiment à trouver un égal plaisir dans ce qui fixe leurs regards, et dans ce qui intéresse leurs oreilles.

Cependant, il est juste d'avouer qu'il est bien difficile d'être tout-à-fait exempt des défauts qui viennent d'être signalés. Un moyen simple, qu'il semblera sans doute utile de conseiller aux maîtres, c'est de placer leurs élèves en face d'eux, au lieu de les tenir à leur côté lorsqu'ils sont au piano, de les regarder sans cesse afin d'être à même de les avertir et de les corriger ; ce moyen utile n'obligerait qu'à une seule précaution : celle de se pourvoir d'une partie double du chant, dont le maître et le disciple feraient usage séparément.

Ce qui a été dit précédemment à l'égard de la position de la bouche, bien que devant servir de règle générale, n'est point pour cela exempt d'exceptions nées de la diversité des accidents qui peuvent ariver. Comme toutes les bouches n'ont pas la même forme, les mêmes dimensions, elles ne peuvent pas toutes s'ouvrir de la même manière, avec la même mesure. Il dépendra de la prudence du maître et de son attention de la diriger de manière à ce que la voix sorte franchement et produise l'effet le plus agréable possible.

CHAPITRE VI.

De la formation des sons.

Le ton, par rapport à la musique vocale, est un son particulier de la voix, pris à l'un des degrés de son extension générale. Il ne se forme qu'après la conception idéale, qui est une opération rapide de la pensée, suivie immédiatement de la conformation de l'organe de la voix chantante, développée par le moyen de l'explosion d'une certaine quantité d'air. Autant donc il y a de tons concevables par la pensée, autant de fois le chanteur répète les opérations susdites pour arriver à les former, sans outre-passer toutefois les limites de l'organe qui est en lui.

Ce qui mérite les plus sérieuses observations, c'est que le tube, nommé par les anatomiste *trachée*, lequel concourt principalement à la formation de la voix, n'est autre chose que le conduit de l'air dans les poumons ; ce tube, par sa souplesse, sa flexibilité, peut se prêter de toutes les maniéres nécessaires, suivant ses proportions en largeur comme en longueur, à la parfaite formation de tous les tons imaginables : l'orgue pneumatique n'est que la copie de ce premier organe de la voix qui a servi de modèle à celui de l'art.

En effet, si l'on examine le composé pneumatique de grands, de moyens, de petits tubes, servant à la gradation des sons graves, médium, et aigus, on reconnaîtra, par une espèce d'analogie, que les avantages de ce composé de tubes divers est pour ainsi dire adapté à la *trachée*, qui les supplée tous par la faculté qu'elle possède de s'agrandir progres-sivement jusqu'à la formation des sons les plus graves de la voix, et de se resserrer dans une pro-gression inverse pour arriver aux sons les plus ai-gus, jusqu'à ce qu'enfin elle parvienne à l'orifice de sa partie supérieure qui est fermée par la *glotte*. Ceux en qui un tel mécanisme n'agit point avec promptitude, par raison d'imperfection organique, ne doivent point espérer de parvenir jamais à une parfaite intonation, non plus qu'à une agilité suffisante de la voix; là où ne se rencontre pas naturellement la véritable intonation et la légèreté, on ne saurait que très difficilement les acquérir par le secours de l'art.

La nature, pour donner au son déjà formé plus de force, de sonorité, a disposé son émission de manière à ce qu'il se répande dans la cavité, ou partie supérieure du palais, qui forme des angles d'incidence et de réflexion dont les derniers le portent enfin hors de la bouche. Il est nécessaire d'avertir ici que lorsque le son poussé ne sort pas en entier par la bouche et qu'il s'en échappe une portion par les canaux du nez, il doit nécessairement participer aux résonnances nasales qui sont toujours d'un effet peu agréable.

Pour que l'élève conçoive bien l'idée de la véritable intonation, il est nécessaire que le maître, usant de sa propre voix, soutenue par un instrument bien accordé, lui fasse entendre, lui redise autant de fois que cela sera utile, l'échelle entière des sons, et l'instruise à soutenir chacun d'eux dans son parfait équilibre, la durée de temps que comporte son volume de souffle; il devra de plus l'avertir qu'il doit être employé graduellement en commençant piano, croissant de force vers le milieu, et décroissant ensuite jusqu'à la fin (9).

L'étude de la gamme des sons devant fixer la voix et la rendre égale à tous les degrés de son extension, cette étude exige du maître la plus grande attention : elle doit être réglée par la méthode sur tous les points par lesquels elle correspond directement aux qualités de la voix qu'il est chargé de cultiver.

Une voix crue, criante, qui demande à être atténuée, adoucie, ne peut être certainement traitée de la même manière qu'une voix faible, de peu d'étendue, qui a besoin au contraire d'être renforcée, augmentée, s'il est possible. Si dans le premier cas, l'élève doit employer peu de souffle dans la formation des sons, l'exprimer avec modération, dans le second il doit au contraire le doubler et le pousser avec la plus grande vigueur possible ; ce moyen est le seul à l'aide duquel il soit praticable d'obtenir une augmentation du volume de la voix, de son extension, après toutefois un long et continuel exercice sur des notes largement soutenues : cet exercice oblige à une espèce d'effort du souffle et ne doit être employé qu'avec des intervalles de repos et toujours en raison de la force physique de l'élève.

En outre, pour rendre la voix égale sur toutes les cordes appartenant aux deux registres, on doit observer lesquels des sons, de poitrine, ou de tête, sont les plus forts, afin d'apporter aux uns ou aux autres les modifications convenables par le moyen du souffle. Un point qui appelle une attention spéciale, c'est la division des sons aigus qu'il faut s'efforcer d'adoucir. Comme ces sons se forment par la compression du tube respiratoire et qu'ils sont poussés par toute l'énergie du souffle, ils sortent ordinairement durs, criards, désagréables, comparativement à ceux du médium, du grave, qui se forment avec peu, ou point de pression, et qui, par cette raison, sont francs et doux.

Dans l'union des deux registres, comme le passage de la dernière corde de poitrine à la première de tête est scabreux et difficile, c'est là précisément que le maître doit déployer son habileté pour lever les difficultés qui s'opposeraient à ce qu'ils fussent d'égale force et pour faciliter à l'élève les moyens d'y parvenir. S'il arrivait que les cordes de poitrine fussent de beaucoup plus faibles que celles de tête, le maître ferait sagement de suspendre l'union des deux registres et de s'appliquer, non pas à diminuer la force des cordes de tête pour les rendre égales à celles de poitrine, mais bien au contraire à faire tous ses efforts pour mettre ces dernières à l'unisson de celles de tête, par les exercices déjà indiqués ; ensuite, il pourra réunir les deux registres, en se proposant constamment pour but d'augmenter le volume et la vigueur du corps entier de la voix.

A l'exercice de la gamme diatonique des tons il est nécessaire de faire succéder celui de la gamme chromatique par demi-tons en montant et en descendant, pour arriver ensuite à ce qui se trouve prescrit dans le chapitre suivant.

Avant d'aller plus loin, il est essentiel que l'élève ait une parfaite connaissance des tons, des genres diatonique, chromatique et enharmonique, afin qu'il ne soit point exposé à tomber dans les erreurs qui sont ordinairement filles de l'ignorance.

Le maître doit en outre faire savoir à son élève que chaque ton peut être considéré comme divisible en une infinité de parties dont chacune est un ton différent; mais que chacun des tons pris dans cette infinité n'ayant pas une différence remarquable à l'oreille et ne pouvant être marqué par un signe sensible soumis à des règles déterminées et constantes qui n'auraient pu se mettre en pratique du temps des Grecs qui abandonnaient aux mathématiciens ces divisions abstraites, il faut s'attacher à la division qui, par une différence perceptible de ses parties, peut être entendue de l'oreille. Bien que le nombre déterminé en dernier lieu de ces parties ne soit pas suceptible de règle, de signe, de marche déterminée, le ton entier reste divisé en neuf parties, ou intervalles, nommés *comas* par les Grecs. Chacun de ces *comas* peut se diviser en d'autres moindres parties nommées *chisma*, lesquelles sont finalement divisibles en d'autres plus minimes, nommées aussi par les Grecs *diachisma*. Quoi qu'il puisse y avoir de plausible dans ces divisions, qui ont donné lieu à des opinions erronées sur la nature des sons, comme cela sera démontré plus loin, il suffit que l'élève sache que le ton complet se nomme *diatonique*, ou ton entier naturel, que lorsqu'il est divisé par moitié et que cette moitié forme un ton distinct, ou pour mieux dire un demi-ton, on le nomme *chromatique*; et lorsqu'enfin de ce demi-ton on prend la moitié pour faire un autre ton correspondant au quart du ton diatonique, on le nomme *enharmonique*. Or, la gamme, prise dans un ton quelconque jusqu'à son octave, étant par sa nature de cinq tout entiers et de deux demi-tons, si on la parcourt dans sa gradation naturelle, s'appelle *gamme diatonique*; celle qu'on exécute de demi-ton en demi ton, se nomme *gamme chromatique*, et celle qui se divise par quarts de tons s'appelle *gamme enharmonique* (10).

On est dans l'erreur lorsque l'on croit que la gamme, ou tout autre cantilène, pour être écrite avec des dièzes ou des bémols, doit pour cela se nommer *gamme*, ou *cantilène chromatique*. Les accidents appliqués à ces gammes, ou cantilène, ne sont pas le résultat de la mélodie par demi-tons, mais bien de l'établissement d'un ton principal sur lequel la mélodie se fonde ; ils doivent être simplement correspondants, rationnels, et soutenir le ton pour lequel ils ont été disposés. L'erreur qui vient d'être signalée n'est d'ailleurs pas nouvelle ; elle nous a été transmise des temps les plus reculés de la primitive musique ; on supposait que le ton musical, de son essence originaire pouvait avoir une double nature , c'est-à-dire être à la fois majeur et mineur; que dans sa nature majeure, il contenait neuf intervalles ou comas, et huit seulement dans sa nature mineure; on tirait de cette supposition comme conséquence la diversité de leurs demi-tons (11).

Bien que cette supposition soit directement contraire aux expériences pratiquées par les Grecs sur leur *monocorde* et sur leur *hexacorde*, et postérieurement par d'autres savants philharmoniques sur des instruments récents par le moyen desquels on voit, après avoir fait la division de l'extension entière d'une corde fixée sur ses deux points d'appui, que l'une est la distance qui exprime l'effet d'un ton diatonique, et l'autre celle du chromatique, en sorte que s'il y avait diversité dans la nature des uns ou des autres, la même dimension de corde ne pourrait fournir un son différent et faire sentir la dissemblance entre le ton ou le demi-ton majeur, et le ton ou le demi-ton mineur ; on observerait au contraire qu'à mesure que tels tons ou demi-tons varient de mélodie entre eux, la corde devrait varier en proportion de son extension ; cependant ce système de la diversité originaire des tons et demi-tons a été soutenu obstinément jusqu'à ce point de considérer comme imparfaits l'orgue pneumatique et le piano, comme ne distinguant pas par une double corde la différence du demi-ton majeur au demi-ton mineur, puisque la même corde sert, par exemple, à exprimer le ré dièze et le mi bémol.

Il est hors de doute que dans l'exécution ces deux sons, ainsi que tous ceux qui se trouvent dans le même cas, présentent une différence notable entre eux ; en effet, l'intonation du ré dièze est sensiblement plus haute que celle du mi bémol, bien que, dans la pratique, le ton soit le même pour la voix. Cette irrécusable différence est précisément ce qui a fait supposer l'inégalité des tons et imaginer des systèmes pour soutenir cette assertion. Mais se pourrait-il que la nature eût mis une différence défectueuse entre les tons de la musique dont le résultat s'opposerait aux lois invariables de l'harmonie ? De quel argument se servira-t-on pour prouver ce qui vient d'être avancé, puisque, de fait, l'intonation vocale s'y oppose, comme cela a été dit plus haut, et si, après les recherches de tant d'illustres philosophes, aucune vérité décisive ne s'est manifestée sur cette matière jusqu'à ce jour? Les Grecs eux-mêmes, divisés en partis contraires, ne sont jamais tombés d'accord sur ce point; les uns divisaient le ton en sept, d'autres en huit, d'autres en neuf, et d'autres enfin en douze parties, ou comas.

Si nous ne pouvons nier la différence qui existe dans l'intonation des deux demi-tons précités, ou tous autres semblables, il y a un moyen de concilier cette différence par la démonstration de leur égalité résultant de la division déjà indiquée de la corde.

Le moyen est trouvé et la question résolue lorsqu'on réfléchit à la position dans laquelle se trouve la voix en exécutant ces deux intonations. La voix est obligée par les lois physiques de renforcer le souffle en montant les tons par degrés successifs et de le diminuer en descendant. L'augmentation du souffle donne de la vigueur et de l'accroissement au son qui monte, la diminution du souffle rend au contraire plus faible le son qui descend ; de cette manière le ton qui monte devient majeur dans le premier cas et mineur dans le second ; c'est pour cela que l'intonation du ré dièze est plus haute que celle du mi bémol; cela est ainsi, parce que la voix monte du ré naturel au ré dièze, et qu'elle descend du mi naturel au mi bémol. La différence que l'on remarque entre ces deux demi-tons n'est pas causée par leur inégalité prétendue, mais par l'impossibilité physique de les entonner de la même manière, c'est-à-dire avec la même intonation.

Pour rendre plus évidente cette vérité, qui sert en même temps à détruire cette fausse opinion sur l'imperfection prétendue de l'orgue pneumatique et du piano, il suffit de la preuve suivante à laquelle certainement il n'y a rien à opposer.

Parmi les sept notes de la musique, les deux sons qui ont le plus de rapport, la plus grande analogie entre eux et qui correspondent le plus parfaitement l'un avec l'autre, sont la tonique et la quinte; c'est un axiome musical dont on ne saurait douter. Or, si on accorde un piano suivant cette dimension, et que, cette première quinte ainsi fixée, on poursuive l'entier accord de quinte en quinte, le fait démontre que de cette manière les sept sons de chaque octave sont progressivement accordés dans leur juste proportion avec les demi-tons qui leur correspondent. En partant d'une mesure ainsi accordée et en parcourant tous les demi-tons d'une octave, peut-on douter de leur exactitude comme de leur uniformité (12)? Il ne suffit pas d'objecter que les accordeurs, après avoir usé de cette manière pratique d'accorder, ne trouvant pas la dernière quinte correspondante à la première, sont obligés de modifier quelques sons antécédents pour les égaliser, puisque cette différence, loin d'être causée par cette mesure qui est la plus parfaite des proportions harmoniques (13), n'est que le résultat de l'imperfection de l'organisation auditive qui en altère involontairement la justesse.

D'après ces réflexions et ces irrécusables arguments, on doit espérer que les philharmoniques, laissant enfin les antiques en repos , ne s'arrêteront plus à rectifier leur système des sons et à le tirer du chaos de contradictions absurdes qui en offensent la simplicité naturelle et la perfection.

CHAPITRE VII.

Possession des sons dans toute l'étendue de la voix.

Pour qu'un chanteur puisse librement disposer de tous les sons dont sa voix est susceptible, de même que le fait la main d'un habile exécutant des touches d'un piano, il est nécessaire qu'il s'accoutume à prendre avec liberté et une parfaite intonation tous les sons, à passer de l'un à l'autre en franchissant tous les intervalles suivant les limites de sa voix. Il faut qu'il s'exerce sur les tierces, les quartes , les quintes, les sixtes, les septièmes, les octaves, les neuvièmes, les dixièmes, les onzièmes, les douzièmes, les doubles-octaves, et plus, s'il en possède les cordes, en montant du grave à l'aigu, et en descendant de l'aigu au grave.

Il est nécessaire, d'abord, pour bien conduire ces difficiles études, d'exercer longtemps la voix sur des intervalles réguliers composés de notes de longue valeur, soutenues avec une même force de souffle, une égale liaison, une égale tenue de voix. Pour avoir une règle sûre d'intonation du grave à l'aigu, il est utile de prendre, comme *appoggiatura*, la note de l'intervalle immédiatement au-dessous que l'on fait vibrer et qui est bonne pour préparer l'intonation. Toutefois, si l'on veut ne pas faire usage de ce moyen, il faudra attaquer directement la note de l'intervalle, ce qui ne sera facile qu'en sautant à la septième mineure, ou à l'octave : encore faudra-t-il soutenir le souffle et lier les deux sons avec la voix ; autrement, l'intonation en serait très-difficile (14). Si on saute ensuite de l'aigu au grave, il est également indispensable de conserver l'équilibre du souffle dans la liaison de deux sons : le dernier sur lequel la voix s'élance, ne doit pas être moins articulé dans la liaison de deux sons, pour assurer leur intonation. Cet exercice, après avoir été continué sur des notes de moindre valeur, devra être suivi de sauts irréguliers, pour lesquels il faudra prendre les mêmes précautions que pour les sauts réguliers ; on peut avec quelque adresse employer ces derniers comme guides, et s'en servir pour passer, par la voie de l'imagination, du son duquel on part à celui sur lequel la voix doit s'arrêter : le son imaginé, comme le plus voisin de celui vers lequel on se dirige, doit concourir à le faire frapper parfaitement juste.

En outre, comme le mérite des solfèges dont l'élève doit faire usage, contribue essentiellement au profit qu'il doit tirer de ces études, le maître doit se charger de l'en pourvoir afin qu'il ne s'exerce pas inconsidérément sur des choses étrangères à sa voix et à ces mêmes études ; enfin , pour rendre plus certains l'aplomb, l'intonation, la force de la poitrine, il sera indispensable de lui faire travailler les *madrigaux* (15), qui , bien que bannis de l'instruction moderne, parce qu'on n'en comprend pas l'importance , sont néanmoins les seules compositions qui puissent assurer le talent du chanteur. Le maître ne doit donc pas négliger de les adopter et de faire en sorte que, tout le temps de l'instruction , la pratique en soit suivie. Pour que le maître acquière la preuve que son disciple dispose librement de tous les degrés de sa voix, il en fera l'expérience en lui faisant prendre , sans le secours d'aucun instrument, les notes à tous les intervalles, d'une extrémité à l'autre de sa voix ; par exemple, les septièmes majeure, ou mineure, la neuvième, les sixtes majeure, ou mineure , la douzième ma-

jeure, ou mineure (16), la double octave, et à
faire le même exercice en rétrogradant de l'aigu
au grave. Quand l'élève exécutera tous ces passages
avec une parfaite intonation et avec promptitude,
il sera maître de sa voix et pourra compter qu'il
possède déjà les deux tiers de la science. Pour arriver à une telle perfection il faut que le maître et
l'élève se munissent d'une constance réciproque
afin de ne pas s'ennuyer de la longue durée de ces
études, et de n'être pas tenté de passer outre avant
de les avoir entièrement terminées.

CHAPITRE VIII.

De l'agilité.

Ce mot d'*agilité* signifie en général la prompte
exécution de toute espèce de mélodie par l'organe
de la voix, sur des paroles, ou par la simple
vocalisation. Bien que toutes les personnes qui
s'appliquent à l'étude du chant ne réussissent pas
également dans l'agilité et dans le style soutenu,
qui dépendent l'un et l'autre de moyens divers,
il est nécessaire que l'élève s'exerce dans l'un
comme dans l'autre genre ; le maître doit avoir soin
de fortifier l'élève sur les points où il est le plus
faible, afin qu'il soit en état d'exécuter également
bien toutes les espèces de mélodies.

On comprend particulièrement sous ce mot d'agilité le trille, le demi-trille, le *gruppetto*, ou brisé, ou mordant, la vocalisation, et les roulades. Quant au trille, personne n'ignore qu'il est formé par deux sons voisins battus alternativement avec célérité dans une mesure de temps déterminée (17). Néanmoins, beaucoup de personnes ne l'exécutent pas autrement qu'en formant dans la gorge un tremblement indistinct et désagréable, semblable au bêlement d'une chèvre, ou au hennissement du cheval, ce qu'on appelle ordinairement trille chevrotée. Cela arrive à ceux qui ne se sont pas appliqués à faire alterner distinctement et avec promptitude les deux sons qui doivent former le trille, en n'augmentant la vivacité de l'articulation que graduellement, jusqu'à ce qu'il arrive au point où il est égal, distinct et sonore.

Il est vrai de dire que quand on n'a pas naturellement les éléments nécessaires pour bien faire le trille, on ne l'acquiert que très difficilement par le secours de l'art; néanmoins, les maîtres ne doivent négliger aucun moyen pour y rendre habiles leurs élèves : et l'un des plus puissants, c'est un long et constant exercice. Comme le trille est un des plus beaux ornements du chant, il est indispensable qu'un chanteur le possède de manière à pouvoir en user au besoin, dans le cours ou à la fin des cantilènes. Un chanteur sans trille est comme un soldat sans valeur. Il est inutile, je pense, de dire que le trille appartenant au rhythme vif ne saurait convenir aux cantilènes larges d'expression (18); ils appartiennent à celles où le chanteur peut à l'aise déployer sa facilité; c'est dans ce dernier cas qu'un chanteur judicieux doit en faire usage et le placer à propos, le faisant tantôt lent et lié, tantôt plus vif, suivant l'expression du morceau.

Le trille n'est que d'une seule espèce, mais il se compose diversement. Les sons qui servent à son exécution sont différents; la manière dont on l'exécute est différente aussi. Chaque manière a sa dénomination particulière. Le trille se fait sur deux sons, à un ton ou à un demi-ton de distance. La première des deux notes frappées par la voix, se nomme la *Principale*, parce qu'elle est plus forte que la seconde, que l'on nomme *Auxiliaire*, ou accessoire, précisément parce que le changement momentané dans l'organe de la voix rend plus faible le souffle qui sert à son exécution (19).

Nous passons maintenant aux *Gruppetti* qui se composent de plusieurs *Appoggiature*, ou petites notes; qui peuvent se placer avant ou après une note mesurée, en commençant par la note supérieure ou inférieure. Pour les articuler avec grâce, précision et promptitude, il faut que la voix s'y exerce longuement et avec persévérance, si l'on veut parvenir à les exécuter avec facilité.

Les notes sur lesquelles se fait habituellement le trille, sont : la note sensible, quand elle monte à la tonique ; la quarte juste, quand elle descend à la tierce ; la quarte augmentée quand elle monte à la quinte ; la septième mineure, quand elle descend à la sixte, et la septième majeure, lorsqu'elle monte à l'octave : ce qui est la même chose que le passage de la note sensible à la tonique. Quand le morceau est majeur, le trille qui se résout de la seconde note du ton sur la tonique est d'un ton plein ; quand le morceau est mineur, le même trille est d'un demi-ton. Sur la quarte juste et sur la septième mineure, il est d'un ton ; sur la quarte augmentée et sur la septième majeure, il est d'un demi-ton. Dans le cas où le trille se ferait sur la quarte augmentée et la septième majeure, les deux cordes auxiliaires étant la quinte (pour la quarte), et l'octave (pour la septième), sur lesquelles le trille doit se battre, on doit frapper la note supérieure la première, afin que la dernière se trouve (dans le premier cas) la quarte montant à la quinte, et (dans le second cas) la septième montant à l'octave. La même règle doit être observée dans tous les cas semblables en montant, et en sens inverse, dans tous les cas semblables en descendant. Les dénominations particulières du trille n'ont rapport qu'aux diverses manières dont il se fait.

On nomme trille lent et lié, l'ondulation douce et courte qui s'opère par la voix dans le cours d'une mélodie de mouvement large sur quelques-unes des notes qui peuvent s'y prêter. On nomme trille vif celui qui se bat avec une égale célérité ; trille renforcé celui qui croît de vitesse vers la fin ; trille varié celui qui alterne entre le plus ou le moins de vitesse ; trille croissant chromatique celui qui monte par demi-tons ; trille décroissant chromatique celui qui descend par demi-tons ; trille croissant enharmonique celui qui, insensiblement, de coma en coma, monte de degré en degré ; et trille décroissant enharmonique celui qui descend de la même manière.

On voit par la difficulté de bien exécuter tant de divers trilles, suivant le caractère des morceaux auxquels ils doivent correspondre, comme il sera expliqué dans le chapitre des embellissements du chant, combien d'études doit faire celui même que la nature a doué des moyens nécessaires pour les posséder (20).

Le demi-trille, qui alterne une seule fois le premier des deux sons, exige, quoiqu'il ne soit composé que de trois notes, la même clarté, la même précision que le trille entier, attendu qu'il est d'un effet aussi agréable (21).

L'appoggiature, qui appartient plutôt au chant soutenu, est une petite note non comprise dans la mesure du temps, et qui précéde en mesure la note dont elle prend la moitié de la valeur, et quelquefois plus ou moins. Elle peut s'exprimer en dessus ou en dessous de la note principale, suivant le sentiment de la phrase : quelquefois elle sert à prolonger un son déjà entendu Elle peut être attachée à d'autres par des sauts inférieurs et supérieurs ; ce que le maître pourra enseigner à son élève par les exemples qui y correspondent (22).

Il serait inutile de parler de la vocalisation, parce que l'on comprend sans doute que c'est une quantité de notes qui s'exécutent en longues périodes, avec rapidité, avec égalité surtout, sans rien articuler, et qui est destinée uniquement à faire briller l'habileté du chanteur. Ces ornements sont entièrement étrangers à l'expression et au sentiment, dont ils dénaturent la pureté et l'effet. Le goût moderne de la musique les a presque entièrement bannis des compositions vocales. Cependant, comme souvent quelques petits passages vocalisés peuvent donner plus de brillant et de force à l'expression des paroles, il est pour cela nécessaire que l'élève s'exerce sur des solfèges analogues, afin de rendre sa voix plus souple et plus agile dans l'exécution de ces embellissements. La manière de bien vocaliser dépend de plusieurs points : de la légèreté de la voix, de la parfaite intonation, de la manière de battre ou de lier les sons, et avant tout de la juste mesure du souffle.

A l'égard des deux premières exigences, bien qu'une voix soit naturellement juste et agile, elle a besoin néanmoins d'acquérir, à force d'exercices bien dirigés et continuels, la légèreté et l'égalité de mouvement nécessaire du gosier pour être en état de marquer distinctement, dans une égale proportion et avec une force modérée, une longue série de sons. Il faut, dans la manière de battre, ou de lier les sons, éviter le ridicule de les piquer tous ; il suffit d'en accentuer un sur quatre, huit, ou un plus grand nombre, et de continuer de cette manière, suivant la nature et l'extension de la phrase, avec le soin d'éviter, autant que possible, le détaché de la voix, dont il faut soigneusement la garantir dans le genre de cantilène dont la beauté dépend de la tenue, de l'expression, du piano, et du fort (23). A l'égard de l'emploi de la respiration, on en pourra recueillir les règles dans le chapitre de la mesure du souffle.

Les roulades, qui ne sont qu'un composé progressif de sons exécutés avec une rapide vocalisation, peuvent être de toutes les dimensions où la voix humaine est susceptible d'atteindre. Ce genre de vocalisation, qui n'est pas sans agrément, n'est que trop usité ; il exige une articulation distincte ; il demande impérieusement que l'on évite ce qui ressemblerait à un déchirement de voix sur des sons mal posés ; et comme ce qui en garantit le

mérite dépend surtout d'une distribution parfaitement rationnelle et d'une vibration particulière du
souffle, on connaîtra les détails relatifs à cet objet
dans le chapitre qui traite spécialement de cette
matière. En outre des roulades établies par des
notes successives ascendantes, ou descendantes,
on peut, sur des roulades, entremêler d'autres passages, des trilles, des gruppetti, etc. ; mais seulement dans les lieux où il est convenable de les
placer, ce que le bon goût et la raison doivent
indiquer.

CHAPITRE IX.

Ondulations et liaison de la voix (1).

Par le mot *ondulation* de la voix, on doit entendre
la gradation du piano au fort, du fort au piano dont
il est nécessaire de faire usage dans les cantilènes pour leur donner du coloris, du ressort, de
même que l'on emploie en peinture les ombres, les
demi-teintes, pour donner plus de relief aux principaux objets.

Le véritable cas d'*onduler* et de lier les sons
articulés par la voix, appartient au genre de mélodie que l'on désigne communément par l'épi-
thète de *Cantabile*, ou mélodie large exprimant

une tendre affection de l'âme. La voix a besoin, dans les cantilènes de cette nature, pour se pouvoir soutenir avec la gradation des pianos aux forts et *vice-versa*, et l'expression particulière qu'elles demandent, d'une force flexible qui, comme un doux ressort, l'appuie et la soutienne. Cette force dépend de la vibration du souffle, lequel, à cet effet, doit être d'accord avec l'imagination, comme avec la graduelle flexibilité qui doit suivre et concourir au développement de l'expression, ainsi qu'on le verra analysé dans le chapitre suivant.

Par ces mots : *liaison de la voix*, on ne doit pas entendre seulement la manière de lier avec le même souffle deux ou plusieurs sons, bien qu'ils soient néanmoins distinctement frappés, mais bien la constante et flexible égalité avec laquelle la voix doit parcourir tous les tons de la mélodie.

Cette manière de poser et de porter la voix ne peut s'acquérir par le seul secours des théories; il est nécessaire que l'élève l'entende pratiquer, comme exemple, pour ainsi dire, palpable, par d'habiles chanteurs.

A ce genre de chant appartient encore le droit de faire glisser la voix d'une manière enharmonique sur plusieurs sons. Il sera dit, dans le chapitre de l'ornement des périodes, quand et comment il convient d'en user.

CHAPITRE X.

De la mesure du souffle.

Tout ce qui a été dit dans les précédents chapitres doit servir à donner à l'étudiant une idée juste des divers modes, des diverses règles appliquées à l'étude du chant ; mais ces règles et ces modes doivent être considérés comme nulles si la règle première et générale de la mesure de la respiration n'est pas parfaitement possédée : c'est sur cette règle première qu'est basé l'art du chant.

Avant tout, il est essentiel d'appeler l'attention sur le mécanisme par lequel la nature a établi le jeu de la respiration dans la machine humaine et combien ce jeu est susceptible d'altérations causées par des accidents étrangers, par les différents usages auxquels il est soumis, outre celui auquel il est constamment destiné comme indispensable à la conservation de la vie.

La nature fait succéder dans la machine humaine, comme une espèce de flux et reflux, avec une alternative égale de mouvement, une constante action et réaction d'air dans les poumons dont l'office consiste à en absorber et à en expulser un certain volume, suivant ce qui leur est nécessaire comme principe d'existence : ce mécanisme se comprend communément sous le nom de respiration.

Tout accroissement, ou diminution quelconque du volume d'air nécessaire à ce mécanisme, est une altération de l'état naturel de la respiration ; mais la machine est heureusement sans doute sujette à souffrir sans danger ces altérations ; les causes tant physiques que morales en sont nombreuses : parmi les causes physiques on peut compter le rire, les pleurs, le parler, la toux, l'éternument, les sanglots, le chaud, le froid de la machine à tous les degrés possibles, la qualité de l'air suivant toutes les gradations de son élasticité ; parmi les causes morales, la joie, la crainte, suivant également toutes les variations du plus ou moins en raison de ce qu'on les éprouve avec pressentiment ou à l'improviste.

Examiner l'altération de la respiration suivant toutes ces causes serait superflu à l'égard de notre sujet ; c'est pourquoi nous l'examinerons spécialement sous le rapport du parler, en raison de son immédiate relation avec le chant.

Le parler, bien que disposé et prévu par la nature, porte néanmoins, lorsqu'il est mis en activité, une altération notable dans la respiration ordinaire. Le passage que font les organes de la respiration, qui sont les mêmes que ceux du parler, tels que la bouche, la trachée, les poumons, de l'état de simple respiration à celui de l'articulation de la parole et de la respiration en même temps, doit nécessairement produire dans cette dernière une altération causée par un mouvement particulier de la bouche nécessaire à l'articulation qu'elle veut opérer. La trachée et les poumons sont forcés d'absorber un plus grand volume d'air qui doit servir au double objet de la respiration non retardée et de l'articulation.

Cette altération produite dans la respiration par la simple émission des paroles peut varier et se changer en autant d'altérations diverses causées par les différents mouvements de la bouche que nécessite la formation de toutes les paroles dont un discours se compose, qu'il soit doux, mesuré, fort, ou vif.

Venons maintenant aux détails particuliers de la mesure du souffle qui doit être observée dans le chant, qui n'est que l'articulation sonore et soutenue d'une voyelle, d'une syllabe, d'un ou de plusieurs mots, ce qui est, en un sens, la même chose que le parler. Il est clair que l'altération causée par le chant à la respiration est la même que celle produite par les susdites raisons, puisque les mêmes organes servent au langage chanté comme au langage parlé. Or donc, si la respiration influe sur le chant comme sur le langage ordinaire, rien n'empêche que les préceptes donnés pour instruire

à faire un usage régulier de la respiration par rapport à la manière de bien parler, ne soient suivis
par rapport à la juste mesure du souffle nécessaire
pour bien chanter. Le souffle, ou la respiration,
employé suivant certaines mesures, dans l'acte
de la respiration, rend plus ou moins intelli-
gible un discours dont il allonge ou raccour-
cit la durée, lui fournit une expression particulière, donne du ressort à la prononciation, aux
nombres, aux cadences, empêche la confusion du
sentiment des paroles, des phrases et des périodes.
Il faut savoir adapter ces mesures non moins pour
le développement que pour la reprise du souffle,
et suivre pour guide l'intelligence combinée avec
l'art, ses signes orthographiques, le point, la vir-
gule, le double point, le point-et-virgule, la paren-
thèse, l'accent, l'aspiration, le point d'interrogation, le point d'admiration, etc.: ces signes appartiennent à l'écriture qui les emploie constamment;
mais dans la pratique, et suivant leur valeur connue,
ils ne sont pas moins propres au chant qu'au discours. Ainsi, pour qu'une cantilène, quelle qu'elle
soit, développée par des notes de beaucoup de valeur, ou servant au contraire à expliquer les expressions particulières d'un morceau de musique,
puisse faire distinguer une phrase d'une autre, et
cette phrase d'une période, il suffit que le chanteur
sache la juste mesure du souffle, tant pour la durée

que pour les pauses et les reprises, suivant les lumières du raisonnement et les préceptes de l'art,
déjà longuement énumérés. A cet effet, il serait très
utile que les maîtres introduisissent dans les périodes musicales destinées à l'instruction une espèce
d'indication orthographique, laquelle servirait à
marquer la conjonction et la séparation des pensées et présenterait une double règle aux élèves
pour reprendre la respiration où il convient, et
exécuter les cantilènes avec la mesure de souffle
que demande leur expression particulière (25).

Comme il y a des périodes, tant verbales que
musicales, dont la force de sentiment exige que
chacune d'elles soit exprimée sans interruption,
d'une seule haleine, si dans ce cas on n'a pas une
respiration suffisante, il faut avoir grand soin, pour
la reprendre, de choisir l'endroit le plus convenable et où cela sera le moins apparent possible.

Outre ces règles générales, il est d'absolue nécessité qu'un chanteur ne dépasse jamais les limites
de la capacité de son souffle, et qu'il adopte l'espèce de chant dont il se sent capable de soutenir
la force. D'après ce principe, on doit étudier la
différence de système dans les grands chanteurs
dont chacun s'est attaché au genre le plus en analogie avec ses moyens.

Quel que soit le volume de souffle que l'on possède, il faut en savoir l'économie, et connaître la manière de l'employer dans la formation des sons, dans leur gradation et leurs combinaisons.

Les sons les plus graves demandent beaucoup de souffle pour remplir le vide des organes par lesquels ils se forment, comme cela a été dit au chapitre VI. On doit en exprimer le moins possible à la fois en les faisant vibrer afin d'en conserver suffisamment pour leur entière durée. Les sons moins graves, pour lesquels le vide des organes se trouve être moindre, exigent moins de son pour les remplir et permettent d'employer un plus grand volume de souffle pour les faire vibrer. A mesure donc qu'il faut plus ou moins de son pour remplir les organes par lesquels ils se forment plus ou moins graves, à mesure aussi il faut employer plus ou moins de souffle pour leur émission. Outre la vibration du souffle, et quelle que soit sa force, suivant la nature des sons, on doit toujours en tenir une portion en réserve pour pouvoir exprimer convenablement les gradations du faible au fort et du fort au faible, afin qu'en servant l'expression il ne soit point en danger de manquer dès la première occasion et qu'il puisse au contraire durer autant que le son le demande.

Cette règle est toujours utile à suivre, soit que l'on soutienne un seul son, ou que l'on vocalise du même souffle une quantité déterminée de sons, ou

toute autre mélodie qui perdrait de son expression
par la reprise du souffle. Dans l'exécution de semblables cantilènes, le chanteur doit se rappeler le
double avertissement de se munir d'un volume de
souffle correspondant à leur durée, et de l'employer
avec la plus grande économie possible, le faisant
vibrer tantôt plus, tantôt moins, suivant que le
besoin le requiert, mais toujours de manière à en
avoir de reste plutôt que d'être exposé à en manquer.

Il est certain qu'en soutenant une note de beaucoup de valeur dans le cours d'une cantilène mesurée, dans un point d'orgue, dans une cadence,
ou dans l'exécution de plusieurs sons liés, si le
chanteur n'use pas des précautions indiquées, il
se trouvera dans la fâcheuse nécessité de s'interrompre pour reprendre sa respiration, ou de garder le silence.

Pour ne pas tomber dans de semblables inconvénients dans les passages vifs, surtout dans les
roulades, il devra prendre pour règle générale de
n'employer dans l'exécution de ces diverses cantilènes que très peu de souffle pour les premiers sons
et d'en accroître la vibration à compter du quart
jusqu'à la fin. Dans les dernières roulades où le
souffle a besoin de plus grand ménagement pour
durer plus long-temps, il faut en employer encore moins pour les premiers sons, le pousser

ensuite du quart à l'octave, augmenter sa force de l'octave à la douzième, et de cette douzième à la double octave lui donner encore une nouvelle vigueur.

Si le chanteur n'est pas pourvu par la nature d'une force correspondante à l'énergie que réclament les cantilènes qui viennent d'être indiquées, il fera mieux de s'en abstenir : il évitera ainsi de sortir des limites de la capacité de sa voix et de s'exposer imprudemment au blâme de ceux dont il serait entendu.

A l'égard des causes morales qui ont été mentionnées plus haut, lesquelles peuvent aussi altérer l'état ordinaire de la respiration, comme, par exemple, la crainte que conçoit le chanteur devant ceux qui l'écoutent, ainsi que les inquiétudes intérieures, qui sont autant de moyens puissants propres à déconcerter le chanteur et à l'empêcher d'exécuter librement, il est urgent qu'il s'accoutume de bonne heure à s'exercer en public et devant des personnes toujours nouvelles, si cela est possible. Par ce moyen le chanteur parviendra à chasser de ses esprits le trouble qui pourrait le placer dans une position défavorable vis-à-vis ses auditeurs. En fait de musique, le chant, et la peur qui froisse l'humeur, ne vont pas d'accord ensemble : il y a incompatibilité. Le chanteur doit chercher à se distraire, s'il se peut, des pensées qui l'affligent, par quelque idée agréable qui le remette dans la voie de son art.

Il ne faut pas oublier d'avertir le chanteur que parmi les causes physiques altératrices du chant, on doit compter en première ligne l'intempérance sur toutes choses, comme étant particulièrement nuisible, ce que nous notons spécialement, en dehors de l'ordre que nous reprendrons le plus tôt possible. Comme on peut prévoir et éviter les maux qui en sont l'inévitable conséquence, la prévoyance, fruit d'une saine morale et de l'amour de soi-même, saura les prévenir pour toujours.

CHAPITRE XI.

De la prononciation.

Il semblera étrange que l'on s'occupe de la prononciation des paroles qui sont liées au chant, comme si, dans cette circonstance, elles étaient différentes de ce qu'elles sont ordinairement. Cet étonnement cessera si l'on réfléchit que la musique, par elle-même, ne peut peindre d'une manière suffisante, avec la force nécessaire, les passions intérieures de l'âme sans le secours des paroles (26) ; mais ces paroles, accompagnées de la musique, ne peuvent produire d'effet, si le chanteur néglige de se persuader de cette vérité, que, pour faire comprendre et goûter le sentiment de ces paroles combinées avec la musique, ce n'est qu'à l'aide d'une prononciation claire, articulée, distincte, sonore, sans ambiguité, qu'il pourra y parvenir. Si les paroles doivent donner à la musique une plus grande force d'expression, ce sont donc les paroles qui doivent être entendues par-dessus tout; et quiconque écoutera une musique vocale, sans pouvoir apprécier le genre d'affection exprimée par les paroles, sera forcé de convenir qu'il n'entend qu'une mélodie vocalisée semblable à celle qu'on pourrait obtenir d'un instrument à vent.

Pour pénétrer les assistants de l'effet qu'on s'est proposé dans une composition vocale, il faut leur transmettre toute la force des paroles d'une façon indubitable, et pour cela, il faut les articuler distinctement et leur donner le degré de vibration et de clair-obscur convenable et relatif à l'expression du sentiment qu'elles contiennent. Pour ne pas s'exposer à rendre équivoque un objet si important, le chanteur ne doit jamais entreprendre l'exécution d'un morceau de musique vocale avant d'en avoir attentivement lu les paroles et d'en avoir bien compris le sens : autrement il ne pourrait les prononcer convenablement et leur donner, par le moyen du chant, l'expression dont elles sont susceptibles.

Pour que la force de la prononciation des paroles unie à l'expression de la mélodie puisse produire l'effet qu'on a droit d'en attendre, il faut qu'elle soit toujours balancée avec le nombre des instruments qui doivent accompagner et la grandeur du lieu où l'on doit chanter. Si l'on se trouve dans un lieu de moyenne grandeur et accompagné d'un petit nombre d'instruments, on ne doit pas forcer autant la vibration des sons et des paroles que sur un grand théâtre, ou dans tout autre vaste local, et accompagné à grand orchestre. Pour rendre plus claire et plus saillante la prononciation des paroles, il faut surtout appuyer sur les dernières syllabes. Si nous appelons ici l'attention sur les chanteurs italiens dont la langue, différente de celle des *ultramontains*, est la seule (27) qui convienne à la beauté du chant, comme étant celle qui par une résonnance claire, ouverte, entière, ne s'oppose pas, comme les autres, à la libre propagation du son de la voix, nous devons néanmoins les avertir que, comme parmi les diverses prononciations italiennes, il y en a qui participent de celle des ultramontains, et s'adaptent mal à l'usage qu'il convient d'en faire dans l'exercice du chant, il est essentiel de se défaire de cette prononciation natale et de s'emparer en quelque sorte de celle dont il convient d'user pour conserver la parfaite articulation des paroles, la beauté originale du chant qui les accompagne, et se bien garder de les défigurer.

La lecture à haute voix des livres italiens, la conversation fréquente avec les personnes lettrées qui possèdent la meilleure prononciation, sont les moyens les plus efficaces pour y parvenir.

CHAPITRE XII.

Des connaissances relatives à la science du chant.

S'il est vrai qu'un des principaux objets du chant soit d'exprimer les affections du cœur humain, un chanteur, à ce qu'il semble, devrait en avoir une entière connaissance; mais cette connaissance ne peut être le fruit que d'une longue étude des passions dont est possédé le cœur de l'homme, considéré dans ses divers états de nature, ou de société; mais cette grave et sérieuse étude appartient bien plutôt à un profond philosophe qu'à un chanteur. Toutefois, cela n'empêche pas qu'un compositeur soit versé dans la connaissance scientifique de l'histoire sacrée et profane, dans la poésie, la Fable, les langues vivantes et mortes, surtout dans la langue

latine, pour l'intelligence de la psalmodie et de tout
ce qui appartient au chant sacré. Le chanteur, qui
est l'organe immédiat du poète et du compositeur,
s'il n'est aussi profondément instruit, doit au moins
l'être assez pour comprendre l'argument de quelque musique que ce soit, et lui donner l'expression
convenable, suivant la vérité du sentiment qu'elle
renferme. Cela est tellement vrai, que lorsqu'un
chanteur manque des lumières nécessaires pour
comprendre d'abord ce qu'il doit exécuter, il ne
saurait y mettre la vérité nécessaire ; il pèche donc
sur ce point, non-seulement dans les petites compositions, mais encore dans les morceaux d'une
vaste composition exécutés en public, et dans
lesquels se développe le caractère particulier d'un
personnage.

Il est essentiel, et cela est d'usage au théâtre,
de conformer la voix et la déclamation au sentiment des paroles, pour soutenir convenablement le
caractère que l'on doit représenter. Et comment
peut-on mettre en pratique ces connaissances, si
l'on n'a pas cherché d'abord à les acquérir? comment autrement pourrait-on expliquer pourquoi
dans le nombre des professeurs de musique,
en quelque genre que ce soit, il s'en trouve peu
qui atteignent au grand et au sublime, tandis,
au contraire, que dans la classe des amateurs de
cette science, appelés communément *dilettanti*, on

en compte beaucoup qui parviennent à ce degré
d'excellence, et se montrent en toutes rencontres les
dignes disciples de Polymnie, d'Euterpe, et l'honneur de la nation. Je n'en vois d'autre raison que
les connaissances, la culture d'un esprit élevé qui
s'est appliqué à les acquérir, stimulé qu'il était
par le désir de la gloire.

Il est donc indispensable qu'un chanteur soit
versé au moins dans les notions nécessaires pour
éviter d'exécuter d'une manière matérielle, dans
les Académies (nom que l'on donne en Italie à
toutes les espèces de concerts) publiques, ou particulières, les cantilènes, par la seule émission du
souffle et de la voix; et, soit sur les théâtres, soit
dans les églises, qu'il sache les animer par le sentiment des paroles que le poëte et le compositeur ont
eu l'intention de développer : cela est tellement important, que, quelque composition que ce soit, elle
manquera totalement d'effet si elle est dépourvue
de la force nécessaire à son intelligence et à son
exécution.

CHAPITRE XIII.

De l'expression.

Toutes les passions humaines et leurs différentes gradations, peuvent se classer, à l'égard de leur expression chantée, sous quatre aspects différents: le plaisir, la douleur, l'amour et la colère. Lorsqu'elles sont indiquées par la puissance des paroles et de la musique, qui leur sert d'interprète, le chanteur doit y conformer sa voix. Ordinairement, les morceaux dans les tons majeurs servent à exprimer le plaisir, l'amour, la colère, et ceux dans les tons mineurs à exprimer la douleur; il faut, pour en accroître l'expression, que le chanteur rende sa voix brillante pour indiquer le plaisir, tendre dans la peinture de l'amour, impérieuse dans la colère, et mélancolique dans la douleur.

Les différents mouvements concourent en outre à l'accentuation des affections humaines, c'est-à-dire le mouvement vif dans l'expression du plaisir, le mouvement plus animé dans celle de la colère, le mouvement lent dans l'expression de l'amour, le mouvement plus lent dans celle de la douleur (28). Le chanteur, dans chacun de ces cas, doit faire attention au mouvement indiqué en tête de chaque morceau et à le conserver rigoureusement jusqu'à la fin, pour que l'unité du sentiment ne soit point altérée.

Il est à propos de dire un mot ici de la hardiesse de certains chanteurs modernes qui prennent d'abord et arbitrairement un mouvement qui n'a aucun rapport au sentiment du morceau, et se donnent encore le droit de le presser, de le ralentir ensuite suivant leur bon plaisir, s'inquiétant peu du désordre des accompagnements et du bouleversement total de la composition causé par l'impulsion intermittente d'une expression mal raisonnée. Cette irrégularité, entièrement contraire aux principales lois de la musique, se fait vivement sentir pour peu que l'on réfléchisse ; le temps, par rapport à la musique, doit servir d'une mesure égale, constamment destinée à contenir dans ses intervalles le mouvement analogue à l'expression d'un morceau. Si ce mouvement n'est pas pris juste d'abord et qu'ensuite il soit encore varié, le but auquel il est destiné est manqué : la cantilène ne conserve plus son équilibre ; elle subit pour ainsi dire les symptômes qu'une fièvre violente détermine sur la machine humaine en altérant l'uniformité rationnelle de la circulation du sang.

Il arrive, il est vrai, que dans une même composition musicale on varie quelquefois le mouvement lorsque l'on doit exprimer divers sentiments ;

mais dans ce cas, le compositeur y a pourvu, soit en changeant la mesure, soit en changeant le chant, ou en laissant formellement quelques périodes à la volonté du chanteur, qui doit se renfermer dans cette disposition. Dans le cas où le compositeur aurait négligé ces indications positives, le chanteur pourra, sans altérer le temps prescrit, faire valoir sa sagacité en faisant quelques changements dans la valeur des notes, c'est-à-dire en empruntant de la valeur d'une note pour accroître la suivante, puis diminuant ensuite la valeur de quelque autre note pour rétablir l'équilibre et empêcher ainsi que le mouvement soit altéré.

L'égalité de ce mouvement doit d'autant plus se conserver qu'il importe essentiellement qu'il ait une parfaite conformité avec celui des instruments accompagnants, puisqu'il est évident que deux mouvements différents détruiraient l'harmonie de la composition. Il ne suffit pas de dire, comme le prétendent inconsidérément quelques chanteurs, que les instruments devant suivre la voix, sont pour cela obligés de marcher à leur fantaisie, puisque s'il en était ainsi, il n'y aurait plus de guide dans la musique vocale pour maintenir l'unité de toutes les parties qui la composent. Les instruments doivent suivre la voix relativement au plus ou moins de force, afin de ne pas la couvrir, et en se conformant à l'expression qui ressort naturellement du sujet nuancé par le clair-obscur, mais non en ce qui tient au caprice et à l'irréflexion de celui qui chante. La mesure doit être sévèrement observée par tous et doit être pour tous l'unique régulateur; celui qui ne s'y soumet pas commet en musique la faute la plus grave. Il est permis seulement de lui donner, d'un commun accord, plus de célérité, ce qui peut ajouter au brillant et à l'énergie de la terminaison d'un morceau : en tout autre cas, l'altérer est toujours blâmable.

La rigoureuse observance de la mesure n'empêche pas qu'un chanteur y manque parfois involontairement; les instruments alors doivent le couvrirpour cacher sa faute : c'est en cette rencontre qu'un habile chef d'orchestre doit avec adresse accourir au besoin et donner secours; mais ce qui est le résultat de la prudence et de l'attention ne doit pas être considéré par les chanteurs comme une obligation et une loi.

CHAPITRE XIV.

Des ornements des périodes.

Les compositeurs laissant les chanteurs maîtres d'embellir les cantilènes dans certaines parties qui en sont susceptibles, il faut que ceux-ci aient les connaissances musicales nécessaires pour le pouvoir faire d'une manière conforme à la nature du morceau, de l'expression qu'il réclame spécialement, et de l'accord harmonique.

Les ornements du chant qui peuvent s'adapter raisonnablement dans le développement des phrases de chaque cantilène sont : les gruppetti (ou brisés), l'appoggiature (ou petite note), le glisser en harmonique, toutes les espèces de trille, les vocalisations et les roulades. Pour qu'un chanteur sache user à propos de tant de ressources, il doit d'abord bien examiner quelles sont les cantilènes qui peuvent admettre des ornements et lesquels conviennent à chacune d'elles (29).

En commençant par le genre des récitatifs, qu'on nomme parlants, ceux-ci ne sont accompagnés que par la base (et le clavecin) et ne demandent qu'un débit vif pour ne pas fatiguer l'attention des au-

teurs. Viennent ensuite ceux qui sont instrumentés, dans lesquels le compositeur a voulu préciser
le sentiment et qui réclament l'habileté du chanteur; c'est dans ceux-là qu'il pourra, suivant le
sentiment des paroles, faire usage, dans la peinture
du plaisir ou de la colère, des vocalisations vives,
des gruppetti, des trilles variés, et des roulades;
dans la peinture de la douleur, ou de l'amour,
l'appoggiature, les petits glissés et les trilles lents
sont d'un fort bon effet. Il faut avoir soin de ne
placer ces ornements que là où ils peuvent réellement
accroître la force de l'expression; il faut éviter de
tomber dans le ridicule de perdre de vue la note
principale et d'y substituer une profusion indigeste
de choses inutiles, vicieuses, qui ne sauraient être
approuvées.

L'ornement le plus usité, le plus indispensable
dans le récitatif, est celui que l'on nomme *accent
musical;* c'est une appoggiature qui se pratique
en dessus des notes qui servent à marquer les syllabes d'un mot : cette appoggiature ne doit pas être
négligée en semblable rencontre; autrement la
cantilène serait sèche et monotone (30). En chantant quelque récitatif simple ou instrumenté que
ce soit, on doit, en tout cas, se servir des règles
prescrites par l'art oratoire dans la déclamation
parlée. Le chanteur doit donc, par les différentes
manières de porter sa voix, faire distinguer une

idée d'une autre idée, en marquer l'intervalle, les aspirations, les points d'interrogation, d'admiration, les terminaisons de période, et conformer la voix aux divers sens des paroles, détachant, renforçant, adoucissant, suivant la convenance reconnue.

Souvent aussi la circonstance oblige le chanteur, comme cela se voit au théâtre, à joindre le geste au chant des récitatifs, ce qui accroît de beaucoup l'expression. Il ne doit donc pas négliger d'apprendre l'art qui met d'accord le geste et la musique; il doit éviter surtout de tomber dans les bouffonneries qui provoquent le rire plutôt que la sérieuse attention des assistants.

Les airs sont principalement susceptibles d'ornements; il y en a cependant d'un mouvement vif qui ne permettent pas au chanteur d'inutiles embellissements; il peut, dans ce cas, soutenir l'expression par les seules nuances du clair-obcur de la voix, en détachant, ou en liant les sons, suivant l'indication fournie par le sentiment des paroles.

Les airs de mouvement vif, ou soutenu, dans lesquels il se trouve des phrases que le chanteur doit soutenir avec la voix, sont ceux où il peut introduire des ornements analogues au sentiment, en usant à propos de ceux qui ont été déjà signalés. La nature de ces ornements est limitée et ne doit pas s'étendre plus loin que de la première à la quarte, et plus volontiers en rétrogradant de la quarte à la première. Le chanteur peut user aussi des glissades d'un son à un autre, surtout de l'octave à la septième mineure, et de la quinte à la quarte mineure.

Quels que soient les ornements desquels on peut user dans quelques périodes musicales, on doit se tenir averti de ne les employer que rigoureusement en mesure et d'une manière correspondante à l'harmonie des instruments et de la basse. Il faut éviter aussi d'en faire une quantité telle, qu'elle puisse défigurer le chant et devenir fatigante, surtout en employant, dans les répétitions de phrase, ceux qui déjà ont été entendus; cette variété bien conduite mettra en évidence la fécondité du génie, le savoir, l'habileté du chanteur, qui devra toujours être attentif à rejeter tout ce qui peut être un objet de dégoût pour les auditeurs.

Les duos sont moins susceptibles d'ornements, surtout lorsque les deux voix marchent ensemble, par la raison que deux mélodies dissemblables bouleverseraient l'unité de l'harmonie. Chacune des deux voix peut embellir ses solos à sa volonté; mais lorsque les deux voix se réunissent, si quelques ornements sont permis, ce ne peut être qu'après avoir été combinés par les deux exécutants.

A l'égard des trios, quatuors, et autres compositions à plusieurs voix, ils comportent encore

moins les ornements comme étant plus compli-
qués, et l'harmonie ne permettant pas d'en user
comme dans les duos : excepté, toutefois, dans les
solos, comme cela a déjà été dit.

Les cadences (ou points-d'orgue) sont encore
comprises parmi les ornements à volonté, et quoiqu'elles soient maintenant moins usitées qu'autrefois, il est néanmoins nécessaire que l'élève en
connaisse la nature et la manière de les exécuter.
L'air étant terminé, la cadence ne doit contenir
qu'un épilogue très abrégé de l'air, de même que
la ritournelle en contient l'exorde. Le chanteur,
choisissant donc une des phrases même du morceau qu'il vient de chanter, peut la prendre pour
type et faire jouer dessus son imagination, employer des passages analogues et brefs, sans
s'embarrasser dans de longs détours qui pourraient facilement l'entraîner hors du ton principal,
dans lequel doit se terminer la cadence. Cette
espèce de mélodie, qui s'exécute sans le moindre
soutien de la part des instruments, exige la plus
grande précision. Si elle est trop brève, ou commune, elle ne prouvera pas en faveur de l'habileté
du chanteur ; si elle est trop longue et recherchée,
elle deviendra ennuyeuse et étrangère au sujet.

Les cadences doivent être faites avec une expression graduelle de la voix ; il est bon d'user des
passages qui ramènent au ton principal où doit

toujours se terminer la cadence en descendant avec le trille à la seconde en dessus, ou en y montant par la septième majeure. La première de ces deux cadences se nomme supérieure, la seconde inférieure : les cadences qui différeront des deux qui viennent d'être expliquées, seront toujours en opposition avec les préceptes de l'art ; seulement, dans quelques mélodies exprimant un tendre sentiment d'amour ou de douleur, on peut, au lieu du trille, employer l'appoggiature.

Les antiques lois du chant exigent en outre que la cadence soit exécutée d'une seule respiration, et non comme se le permettent quelques modernes chanteurs qui ne se font aucun scrupule de respirer trois ou quatre fois pendant sa durée ; il faut donc se munir d'une portion de souffle assez considérable pour ne pas être exposé à en manquer dans le moment essentiel qui est la terminaison.

Enfin, pour terminer, il est utile d'avertir les chanteurs qu'ils ne pourront jamais user librement des ornements tant qu'ils ne seront pas versés dans la connaissance de leur concordance avec l'harmonie. Il est nécessaire qu'ils soient instruits, sinon du contre-point, du moins de la théorie des accords, des successions harmoniques, et de leur numération ; cette connaissance les préservera de la gênante nécessité de recourir sans cesse à autrui pour être accompagnés : ce qu'ils pourront faire eux-mêmes au piano, étant dans la nécessité absolue de tenir continuellement leur voix en exercice.

NOTES

Du Traducteur.

***

  , (1) **La** forme de cette définition cache plus de portée qu'il ne semble d'abord ; on pourrait s'en faire une arme redoutable pour combattre certaines prétentions de supériorité sur les exécutants, que s'arrogent les chanteurs en général, peut-être avec quelque exagération ; je ne m'en servirai que comme d'un moyen de conciliation pour rétablir, s'il se peut, une juste égalité entre des droits qui ne sauraient être contestés ni d'une part ni de l'autre. J'ai rendu un sincère hommage aux charmes de la voix ; mais il me semble équitable de dire que s'il y a un grand mérite à faire ressortir, par l'organe humain, les sentiments contenus dans les paroles soutenues de la mélodie, il n'y en a pas moins à peindre ces mêmes sentiments sans le secours des paroles et par la voix factice d'un instrument quelconque. On pourrait peut-être ajouter que celui qui se destine à la carrière du chant et que la nature a doué d'une belle voix, possède déjà presqu'une moitié de son talent que quelques années d'études perfectionneront, tandis qu'avec le meilleur instrument possible et quinze ans des plus pénibles études, on ne réussit pas toujours à faire un exécutant parfait.

  (2) **Ce** chapitre reconnaît implicitement que la musique est propre à la peinture des passions ; beaucoup de personnes qui

sentent peu , ou point, le nient. Et cependant , que l'on écoute les chefs-d'œuvre de nos grands maîtres, que l'on interroge les auditeurs , même les plus inexpérimentés , on apprendra alors quelles impressions ils ont ressenties, on saura si leur âme est émue, si de douces larmes ont mouillé leurs yeux, si l'expression des sentiments qui agitent le cœur humain n'a pas reçu du charme de la musique une puissance plus attractive, plus dominatrice !... Je ne parle pas de cette musique décolorée , sans vie, qui, semblable à un jeu de cartes blanches, ne peint rien, ou exprime tout de la même manière : ce qui est l'équi-valent ; je sais que cette musique, qui ne pénètre pas plus avant que l'oreille, compte des fanatiques dont le fol engouement n'admet de mérite possible qu'à ce qui vient de loin, quoi que ce puisse être, bon, ou mauvais; mais c'est à la sensibilité vraie, au bon goût, à la raison, qu'il faut en appeler de pareils juges et de semblables jugements : la sentence ne se fera pas attendre.

(3) Sous ce mot de *cantilène* on comprend toute espèce de mélodie. De même que beaucoup d'individus se croient chanteurs parce qu'ils ont quelques sons dans la poitrine, de même aussi une infinité de *dilettanti* furieux, qui se prétendent connaisseurs et fous de musique, ne sont en réalité amateurs que de voix, et commettent la plus étrange méprise en prenant pour de la *musique de chant*, ce qui n'est tout au plus que de la *musique de chanteur* ; c'est-à-dire un canevas à claire-voie, où le compositeur se garde bien de se laisser deviner, et où le chanteur est le maître de faire impunément tout ce qui lui passe par la tête, sans nul égard aux convenances dramatiques, théâtrales, ou simplement raisonnables, et le Ciel sait combien on entend de ces canevas dans nos salons !... et

ailleurs !! Au surplus il est bon que l'on sache que les voix sont de quatre caractères bien distincts : 1⁰ celui de *soprano*, ou dessus, 2⁰ celui d'*alto*, ou de haute-contre, 3⁰ celui de *tenore*, ou taille, et celui de *basso*, ou basse. Ces voix se subdivisent en nuances diverses; et la première seulement, qui est la voix de femme, en compte quatre : le *castrato* ; le *mezzo soprano*, ou demi-dessus, voix qui monte moins que le dessus, et descend un peu plus; le *contralto*, qui monte moins encore que le demi-dessus et descend davantage, et enfin, l'*enfant* de *chœur*. Bien que ces cinq variétés de la même voix chantent la même partie, dans des proportions différentes, elles ont chacune une résonnance particulière, un effet qui ne permet pas de les confondre entre elles. L'art du compositeur consiste à les écrire dans les limites qui leur conviennent, afin d'en tirer le meilleur parti possible. Les deux caractères du médium, l'*alto* (haute-contre) et le *tenore* (taille), qui sont des voix d'homme aiguës, se confondent plus facilement, en ce qu'elles participent du même timbre et qu'elles anticipent fréquemment sur les limites l'une de l'autre, soit à l'aigu, soit au grave : les haute-contres véritables sont d'ailleurs fort rares. Le caractère de la basse comporte deux variétés : le *baritono*, voix de basse appelée *chantante*, dont le timbre est moins fort que celui de la basse, plus souple, plus flexible, montant plus vers l'aigu et descendant moins vers le grave. La dernière variété est celle de la basse-contre; c'est la plus grave, la plus forte, la moins facile à gouverner de toutes. Pour beaucoup de personnes, de celles du moins qui ont été désignées plus haut, il suffit de posséder quelques cordes de l'une de ces voix pour passer auprès d'elles pour chanteur, et il suffit que ce *chanteur* ouvre la bouche pour qu'elles s'imaginent qu'elles entendent de la musique.

(4)Il n'est pas inutile que l'on ait quelques notions sur la structure des parties organiques qui concourent à la formation de la voix, au moins en ce qui regarde le chant, et l'on me saura peut-être gré de les avoir réunies ici dans le cadre le plus resserré possible. Deux conduits communiquent du fond de la bouche à l'intérieur du corps en passant par le col. Le plus reculé des deux se nomme l'*œsophage*. « C'est un canal membraneux qui s'étend depuis le fond de la bouche jusqu'à l'orifice supérieur de l'estomac, dans lequel il conduit les aliments (dict. de l'Ac.). C'est celui qui sert à la conservation de la vie animale. Le second conduit, placé en avant du précédent, se nomme la *trachée-artère*. « On appelle ainsi le canal qui porte l'air aux poumons. » (dict. de l'Ac.) C'est le conservateur de la vie intellectuelle, comparé dans ses fonctions à l'*œsophage*. La partie supérieure de la *trachée-artère*, celle qui s'adapte au gosier, se nomme le *larynx*. A cette extrémité supérieure du *larynx* se trouve la *glotte* ; c'est le nom « d'une » petite fente du larynx, par laquelle l'air que nous respirons » descend et remonte, et qui sert à former la voix. Les différentes ouvertures de la *glotte* servent à varier les sons de la » voix humaine. » (dict. de l'Ac.) C'est-à-dire que cette ouverture s'agrandit ou se rétrécit, suivant que l'on veut former des sons graves ou aigus. Cette ouverture du larynx est préservée par l'*epiglotte* : « c'est le nom que l'on donne à la lan- » guette qui couvre et ferme la glotte. On la nomme autrement » *luette*. C'est un petit morceau de chair molle qui est adhérent » à l'extrémité supérieure du palais, à l'entrée du gosier. » (dict. de l'Ac.) Ces dispositions physiques jointes à l'air que les poumons aspirent et repoussent alternativement, ainsi que le ferait un soufflet, sont les éléments dont la combinaison et le jeu simultané concourent à la fois à la conservation de la vie, à la formation de la voix parlante, et à l'émission de la voix chantante dont l'éducation fait l'objet de cet écrit.

(5) D'après les explications qui ont été données dans la note précédente, on comprend que ce n'est qu'à l'époque où toutes ces parties ont pris leur entier développement, qu'elles sont en état de fonctionner avec avantage par rapport au talent qu'on se propose d'acquérir, et sans danger pour la santé.

(6) Il me semble que si les mots de *soupir, demi-soupir* etc., laissent à penser qu'on aurait pu mieux choisir, ce que je ne crois pas, pour représenter clairement les différentes valeurs de notes dont une mesure peut se composer, ils ont du moins l'avantage de ne se rapporter chacun qu'à une seule figure, de l'exprimer par un nom bref, et d'être beaucoup plus simples que les mots de *seizième, trente-deuxième* etc., qui se rattachent à la division d'un tout qui varie à chaque instant, et qui en compliquant les opérations du raisonnement et de la mémoire, les rend plus pénibles et moins certaines. La simplicité de notre système d'enseignement musical, son actualité positive, le rendent d'une appréciation facile malgré ses développements, et évidemment préférable. Il suffira peut-être de citer deux exemples, et l'on jugera. Nous nommons les sept notes de la musique *ut, ré, mi, fa, sol, la, si*; les Italiens les appellent *C sol fa ut, D la sol ré, E la mi, E la fa* (mi bémol), *F fa ut, G sol ré ut, A mi la, B fa si.*

Lorsqu'il y a un dièse à la clef, nous disons : ce morceau est en *sol majeur*; les Italiens disent : *en G sol ré ut, tierce majeure*, etc. Quelles que soient les raisons scientifiques de ces dénominations, je crois qu'un jeune enfant, auquel elles importent fort peu, retiendra plutôt et mieux les nôtres que les leurs qui fatigueront sa mémoire de choses qu'il ne comprendrait sans doute pas, lors même qu'on les lui expliquerait clairement.

(7) A combien de public il suffit qu'on ait une voix quelconque pour être réputé chanteur et pour leur plaire !!

(8) En tout ce que l'on fait, il faut avoir la meilleure grâce possible ; la position du corps ou de la figure la plus naturelle est toujours celle que l'on doit préférer. On doit éviter avec le plus grand soin tout ce qui fait supposer la souffrance, ou simplement la gêne, et met nécessairement les auditeurs dans une appréhension fatigante, comme par exemple, les rides du front, le renversement de la tête en arrière, ou de côté, le froncement des sourcils, le passage subit du rire au sérieux sans motif évident, l'altération du regard, l'inconvénient fort grave d'avancer la mâchoire inférieure à mesure que l'on passe des sons bas aux sons aigus, ce qui donne une physionomie gauche et le profil le plus disgracieux : une belle figure est si facilement bouleversée !... Le calme apparent de l'exécutant, quel qu'il soit, rassure ceux qui l'écoutent, et celui-ci recueille en applaudissements l'équivalent de ce que les autres y gagnent en plaisir.

(9) Il n'est rien de bien qui ne puisse, par l'abus, dégénérer en vice. Ce précepte, qui est fort sage lorsqu'il est appliqué à des valeurs larges et soutenues, manque son but et produit un effet désagréable lorsqu'il est employé sur des valeurs minimes, ce qui leur donne un accent saccadé, dénature la voix et brise le chant. Beaucoup de chanteurs, de basses surtout, tombent dans ce travers qui ne saurait être le résultat des principes d'une bonne école.

(10) Ce n'est que théoriquement et par analogie avec l'an-

cienne division en commats du ton des Grecs, que l'on peut
admettre cette division, par quarts de ton. L'action naturelle
du dièse est de hausser la note d'un demi-ton mineur ; si vous
ajoutez un nouveau dièse à cette note déjà diésée, vous la haus-
sez encore d'un demi-ton ; alors l'ut naturel, je suppose, deviendra successivement ut dièse et ré naturel, ou ut double
dièse, qui en est le synonyme. Il en est de même pour le bémol et
le double bémol en sens inverse. D'ailleurs, il n'existe point en
musique de signes représentants des quarts de ton, ce qui ré-
pond à toute objection. Si l'on admettait, dans la transforma_
tion du ré dièse en mi bémol, la possibilité d'une différence
d'un quart de ton, le genre enharmonique serait impraticable
pour les voix comme pour tous les instruments.

(11) Je ne sais pourquoi l'auteur de cet ouvrage a pris tant
de peine pour expliquer un système inutile puisqu'il est inap-
plicable à notre musique, et qu'il le blâme lui-même. Le plaisir
de faire une page d'érudition scientifique ne me semble pas
compenser l'inopportunité de ces détails, qui n'ont réellement
aucun rapport avec l'art du chant.

(12) L'intervalle de quinte présente certainement une iden-
tité de son entre les deux degrés qui la composent que l'on ne
pourrait contester ; mais deux sons qui se confondent encore
plus parfaitement sont ceux qui forment l'octave : cela est indubitable. Un piano accordé suivant le système des quintes
peut avoir des chances de succès ; mais par les octaves, qui
sont incontestablement les intervalles les plus identiques, je
soutiens que ce n'est qu'à l'aide du terme moyen et des com-
pensations que l'on peut accorder un piano, qui, par cette
raison, n'est jamais d'accord que conditionnellement ; je doute,
par cette raison, qu'il en puisse être autrement par les quintes.

Tous les accordeurs de bonne foi conviendront de ce fait.

(13) Non, je l'ai déjà dit, ce n'est pas la quinte, c'est l'octave qui est l'intervalle; la proportion harmonique la plus parfaite, ou je me trompe étrangement.

(14) Cette manière d'attaquer sans cesse le son par la note inférieure tient plus à une certaine direction d'un goût local qu'à une bonne méthode. Chanteurs, instrumentistes de toute espèce, ont adopté cette espèce de hoquet dont l'effet est fort loin d'être agréable. Quelques chanteurs français ont emprunté cette fâcheuse manière d'attaquer les sons; manière vieillie, grotesque, qui nuit à la pureté, à l'expression, et n'équivaudra jamais à la règle qui prescrit de poser la voix franchement, sans déviation, sur chaque note; mais la raison et le goût finiront par triompher de cette manie d'imitation qui possède certaines personnes qu'on pourrait soupçonner de manquer de discernement.

(15) Ces *madrigaux* sont une espèce de composition fort ancienne et très simple, sur des vers italiens, avec accompagnement de piano. Ils sont presque tous renfermés dans une échelle de sons qui peut convenir à toutes les voix : ces morceaux sont du nombre de ceux que l'on comprend sous le nom de musique de chambre.

(16) L'auteur n'a pas remarqué que la douzième étant l'octave de la quinte qui est une consonnance parfaite, laquelle ne peut être altérée sans cesser d'être consonnance, ne peut être que *juste*, et non majeure, ou mineure. Au nombre des intervalles qu'il conseille de travailler, on peut ajouter, ce me semble, ceux de seconde augmentée, de quarte diminuée, de triton, de quinte diminuée, de sixte augmentée, de septième diminuée, de neuvième mineure, dont les difficiles intonations

exigent une grande sûreté et une grande justesse ; un exercice long et soutenu peut seul familiariser un chanteur avec ces divers intervalles que l'on écrit fréquemment maintenant.

(17) Les Italiens nomment *trillo* trille , ce que nous appelons, improprement *cadence ;* ce qu'il nomment , eux , *cadence* , est le repos harmonique que fait la basse en passant de la tonique à la dominante pour retourner ensuite à la tonique , et ils ont raison , on ne saurait trop le répéter. Ce que nous appelons *point d'orgue,* se nomme chez eux *corona* , couronne. Le mot *cadence* se prend encore pour les points d'orgues *ad libitum* qui s'emploient dans le cours ou à la fin d'un morceau, et dont on fait maintenant un si déplorable et si fatigant abus.

(18) Un trille doit toujours être exécuté suivant le caractère et le mouvement du morceau dans lequel on le place. Vif, ou lent, c'est incontestablement l'un des plus difficiles comme des plus beaux ornements du chant.

(19) On a droit, je pense, de s'étonner que l'auteur semble admettre en principe que le trille peut se faire avec deux notes d'inégale force , tandis qu'il est généralement reconnu que ce qui fait le mérite de cet ornement, c'est l'égalité parfaite de force, de mouvement et de justesse des deux sons qui le composent. Si quelque cause physique vient à s'opposer à cette égalité si désirable, il eût été, ce me semble, plus convenable de rechercher à surmonter cette imperfection, que de se borner à la signaler sans indiquer aucun correctif.

(20) Quelques chanteurs, de l'un ou l'autre sexe, ont cru, ou croient posséder le trille parce qu'ils parviennent à imprimer à leur gosier un mouvement convulsif qu'ils ne sont pas maîtres de diriger, qui ne commence pas, qui n'articule rien de positif, si ce n'est le cas où, en le forçant, on le fait fonc-

tionner en tierce au lieu de battre en seconde mineure , ou majeure, comme le prescrit la règle, qui ne termine pas quand on le veut ; mais cette fièvre de la gorge, ce frisson de la voix, ce n'est pas le trille : qu'on se le tienne pour bien assuré.

(21) Je suis loin de partager cette opinion et j'en demande pardon à l'auteur ; mais je crois que si ce demi-trille est employé dans le cours d'une phrase, il n'est plus trille et rentre dans la classe des *gruppetti* ou brisés. Si ce brisé est placé partout indistinctement, au commencement, ou à la fin des phrases, il est de mauvais goût et rappelle le vieux chant français tant honni, dont on peut apprécier le ridicule et la critique judicieuse, spirituelle et maligne dans le charmant opéra (le jugement de Midas) de l'immortel Grétry.

(22) En plusieurs endroits de son livre l'auteur recommande aux chanteurs le plus grand respect pour l'harmonie dans le choix des ornements ajoutés, et l'on ne saurait trop insister sur cette obligation, dont, au surplus, les chanteurs, en général, sont fort peu pénétrés. Mesure, harmonie, accompagnements, accompagnateurs, tout doit plier et se soumettre à leurs volontés. On ne saurait approuver cette exorbitante prétention ; ce serait convenir que la musique n'est rien, que le chant est tout, et que le chanteur est souverain maître du compositeur, de la scène, de l'orchestre, même du sens commun qui veut que l'effet résulte de l'ensemble sévèrement balancé dans les limites de la mesure : chaque mot d'une semblable doctrine serait une hérésie intolérable. Il n'est pas rare d'entendre un chanteur entrer sans scrupule dans une harmonie quelconque par une note étrangère à cette harmonie, que souvent elle repousse, ce qui prouve jusqu'à l'évidence que cette espèce d'*appoggiatura*, appliquée en dessus, ou en dessous, ne pourra

jamais être régulièrement employée que par celui, ou celle qui aura une connaissance suffisante des lois de l'harmonie et un goût pur et sévère; sans ces deux qualités, l'une acquise, l'autre naturelle, on sera sans cesse exposé à offenser les oreilles exercées et délicates.

(23) L'usage est malheureusement contraire à cet enseignement qu'approuve la raison. Beaucoup de chanteurs semblent se faire un mérite d'exécuter les passages d'agilité comme pourrait le faire un basson, c'est-à-dire en piquant et détachant les notes; et je ne parle pas ici du charlatanisme de certaines *oppositions* forcées du fort à l'extrème piano, mais toujours du grave à l'aigu, et qui ne serve en réalité qu'à déguiser la pauvreté des moyens, ou à caresser le fantasque travers d'un public vicié par un mauvais goût naturel et de funestes complaisances. Peu de personnes possèdent parfaitement le trille; parmi celles qui l'exécutent, il en est qui le commencent mal, le serrent trop, ce qui, souvent, le fausse, le chevrote, et ne le termine point. Je l'ai dit, c'est un des exercices de la voix le plus difficile à bien faire.

(24) Ce mot *ondulation* doit être pris ici comme exprimant les diverses inflexions de la voix dans l'accentuation des sons et des paroles. Ces nuances du fort au faible et du faible au fort sont très délicates, presque imperceptibles, et cependant elles contribuent essentiellement au coloris et au charme de la musique. J'ai traduit le mot *ombreggiamento* qui est dans le texte et qui signifie ombragement, par celui de *ondulation;* on me le passera sans doute, par la raison qu'il fallait choisir dans notre langue un terme qui rendît à peu près la pensée de l'auteur et qui fût en même temps compréhensible pour les Français, qui n'auraient certainement saisi que très difficilement

14

le rapport qu'il peut y avoir entre le chant et le mot *ombra-gement*.

(25) L'auteur ne doit point ignorer l'une des règles les plus sévères de la prosodie, qui défend expressément de hacher un mot en deux pour respirer ; dans ce cas, il aurait pu recommander avec instance à ses compatriotes de se soumettre à cette loi qu'ils enfreignent trop souvent au grand préjudice de l'unité des paroles. Aucune méthode ne saurait tolérer ce défaut dont nos chanteurs ne sont pas plus exempts que les ultramontains. L'une des règles fondamentales du talent de chanteur, l'un de ses principaux éléments, c'est la parfaite économie du souffle ; cette économie consiste surtout à en aspirer la plus grande quantité possible et à ne le dépenser qu'avec la plus scrupuleuse parcimonie ; ayant toujours le soin de faire coïncider les reprises inévitables de souffle avec les repos indiqués par les phrases de la poésie et de la mélodie. Manquer à ces obligations, c'est méconnaître les préceptes dictés par le goût, la raison, éclairés par l'expérience.

(26) Cette assertion me paraît à la fois trop peu fondée et trop absolue pour ne pas tenter de la réfuter. Le son, pris isolément, n'est qu'un bruit ; plusieurs sons enchaînés et soumis à une mesure, forment une mélodie ; plusieurs sons combinés et entendus simultanément produisent un ensemble que l'on nomme harmonie ; deux modes, l'un majeur, l'autre mineur, impriment à cette harmonie une physionomie générale de gaîté ou de tristesse ; les différents mouvements caractérisent les nombreuses nuances de ces deux grandes divisions ; les innombrables combinaisons instrumentales parviennent à l'imitation sensible, reconnaissable, d'objets matériels et même intellectuels : j'en citerai quelques exemples seulement : la

Création du monde d'Haydn, Anacréon de Grétry, le Délire de
M. le chevalier Berton, Iphigénie en Tauride de Gluck, la Chasse
du Jeune Henri de Méhul etc. Ces chefs-d'œuvre, et tant
d'autres que je pourrais citer, prouvent évidemment la puissance imitative de la musique, qu'elle soit ou non secondée
par les paroles : voilà donc déjà une suite de résultats qui
répondent victorieusement aux allégations que je cherche à
combattre. Gaviniès, célèbre violoniste, faisait verser des
larmes à ses nombreux auditeurs en jouant sur son instrument
ses romances et les andantes de ses compositions, et je ne sais
quel poëte oserait répondre d'écrire constamment des vers à la
hauteur des inspirations articulées par l'archet de M. Baillot,
l'un des plus grands violons qui ait existé comme exécutant,
et qui occupe incontestablement le premier rang dû à ce tact
exquis, à cette sensibilité à la fois douce et noble, à cette chaleur grandiose qui fournit à chaque instant à l'artiste des accents
pénétrants, des effets imprévus, des contrastes magiques qui
étreignent le cœur, le bouleversent, lui arrachent des pleurs,
l'entraînent incessamment dans des émotions opposées, in-
saisissables, que l'on sent, mais qu'on ne peut analyser. Et qui
songe à demander des paroles à cet artiste qui possède si éminemment le génie de l'exécution ?..... Je crois avec quelque
raison qu'il serait difficile de contester la vérité de ce que je
viens d'avancer : les âmes élevées, du moins je l'espère, me
comprendront et défendront ma cause, qui est celle de l'art.

(27) Je n'ai pas la pensée de refuser à la langue italienne la
douceur, la grâce, quelquefois même de la force ; mais que les
Italiens prétendent que leur langue est la *seule* musicale, c'est
là un préjugé qui tient plus à l'orgueil qu'à l'esprit national qui, d'ailleurs, les distingue et les honore sous d'autres

rapports. Si j'insiste sur ce préjugé, c'est qu'il est malheureusement répandu en France où l'on prétend aussi que la langue de Racine, de Voltaire, de Quinault, de Casimir Delavigne, n'est pas propre à la musique. Cette erreur irréfléchie, sans fondement, sans racines, est le résultat de cet enthousiasme factice, de cet engouement incompréhensible pour tout ce qui est étranger, pour tout ce qui vient de loin ; il y a là ingratitude, légèreté, absence de discernement. En effet, chaque langue a ses beautés particulières, et sur chacune d'elles les compositeurs des divers pays ont écrit d'admirables ouvrages. La langue italienne, qui ne possède que cinq terminaisons qui sont : A, E, I, O, U, et n'en emploie à peu près que quatre dans la poésie destinée à la musique, celles de l'A, de l'E, de l'I, de l'O, a peut-être l'inconvénient de tomber dans la mollesse et la langueur à force de douceur, dans la monotonie à force d'uniformité, et la prolixité à force de stérile abondance. Sous la plume des grands écrivains dont l'Ausonie s'enorgueillit à juste titre, ces infirmités disparaissent, et je m'empresse de balancer ce que ma critique pourrait avoir de sévère aux yeux de certaines personnes fanatiques pour les richesses étrangères et dédaigneuses des nôtres. Je dirai, toutefois, et je soutiens de tout mon pouvoir que la langue française, bien prosodiée, bien accentuée, bien articulée, bien prononcée, est aussi propre à la musique, aussi douce, aussi sonore, aussi énergique, aussi spirituelle que quelque langue que ce soit au monde; et que prétendre le contraire est une erreur et un préjugé qu'on ne saurait attribuer qu'aux écarts d'une prévention dépourvue à la fois de raison et de jugement.

(28) L'amour et la douleur ne sont point des affections calmes, lors même qu'elles sont portées jusqu'au degré de l'a-

battement, suivant leur diverses natures. Cette erreur de sentiment entraîne nécessairement dans toutes les fausses conséquences qui résultent d'un principe faux. De là naissent les nombreux contresens dont fourmillent les opéras italiens appelés improprement sérieux. Les interminables adagios à longues ritournelles, à solos d'instruments à vent, peignent mal le bonheur d'être aimé, ou la douleur d'avoir perdu un père, un fils, une épouse; ces morceaux, très beaux d'ailleurs, je l'accorde, mais mal conçus par rapport à la situation, à l'esprit des paroles, glacent la scène, détruisent l'illusion et ne laissent plus voir dans le personnage qu'un chanteur oubliant le cadre duquel il n'aurait pas dû sortir. Ajoutez à cela qu'il y a dans les divers genres sérieux, demi-sérieux, ou bouffe, des traits, des passages, des *fioritures*, des exercices d'*école*, qui se reproduisent dans toutes les situations, sous tous les costumes. Ce sont ce qu'on appelle, en terme d'académie, de véritables *poncifs*.

Par exemple, il y a des milliers de morceaux de musique italienne qui commencent par cette phrase, quelles que soient d'ailleurs les paroles :

Il est juste de dire que depuis que les Italiens nous ont emprunté nos poëmes d'opéras, nos règles dramatiques et même nos chanteurs, leur scène s'est beaucoup améliorée.

(29) Ce discernement si nécessaire est rare; l'un des ornements que l'on applique à tout, sans choix', est cette éternelle *appoggiatura*, presque toujours offensante pour l'harmonie et dont l'effet n'est rien moins qu'agréable pour les oreilles

délicates ; un autre point que je m'empresse de signaler est l'abus que l'on fait des ornements sur des mots terminés par une syllabe brève, comme : *beltà* beauté , *novità* nouveauté , *mia fè* ma foi, *verrà* il viendra, etc., et dont on use en français avec la même irréflexion , sans songer que les ornements, le brisé, ou tout autre, ne doivent s'employer rigoureusement en italien que sur des mots dont la syllabe finale est précédée d'une syllabe longue , comme dans les mots *vita* , *amor*, *sciagura* , etc. ; et en français sur les mots terminés par un e muet, comme *heureuse*, *colère*, *victoire*, *clémence*, etc. ; et non sur ceux qui sont terminés par une syllabe brève, comme *bonheur*, *valeur*, *amour*, *éclat*, etc. Ces mots ne pouvant fournir une terminaison au brisé , la bouche doit nécessairement rester béante et produire un effet que le mauvais goût seul peut supporter.

(3o) J'ai déjà parlé de cette appoggiature dont on sature la musique à tout propos, et j'ai dit mon sentiment particulier sur ce point. A l'égard des ornements en général , je dirai que, loin de les proscrire, je les approuve, en ce sens, qu'ils doivent ajouter au charme d'un motif déjà entendu, en le rajeunissant , pour ainsi dire, par une adjonction de notes propres à cet effet, mais sans l'absorber ; qu'ils doivent toujours être subordonnés au caractère du personnage , de la situation, du mouvement, à la couleur générale, aux moyens du chanteur, et, par-dessus tout, qu'on doit en être avare, attendu que le chanteur qui est forcé de recourir à la prodigalité des points d'orgue, des roulades, des tours de force, des ornements de toute espèce, cherche vainement à déguiser sous ce faux et fastidieux clinquant la pauvreté de la musique qu'il habille à si grands frais, ou la sécheresse de son âme qui ne sait pas exprimer le sentiment vrai, là où il est réellement, ou qui ne sait pas y suppléer par les inspirations d'un génie abondant et généreux. Les ornements, je le répète, sont louables lorsqu'ils sont les enfants de l'opportunité et du bon goût; mais on ne saurait trop en recommander le choix et surtout l'économie la plus rigoureuse; et cette recommandation s'applique plus spécialement aux points d'orgue dont l'intolérable profusion fait de chaque morceau de musique un canevas de classe où toute la fantasmagorie de la vocalisation d'école est impitoyablement passée en revue et jetée à l'oreille des auditeurs qui, comme l'auteur, chercheraient en vain la pensée musicale sous ces myriades de notes. Je citerai un fait à l'appui de cette opinion : Cimarosa faisait répéter à Rome un de ses derniers ouvrages ; l'usage, en Italie, est que l'auteur accompagne au piano sa partition, à l'orchestre pendant les trois premières représentations de son ouvrage. Le *tenore*, chargé du rôle principal, avait un air important à chanter; à la dernière répétition, il se présente devant le compositeur, qui tenait le piano, et lui chante son air, surchargé de tout ce que son imagination avait pu lui fournir. Cimarosa l'écoute en silence ; lorsque l'air est terminé et que les applaudissements judicieux ou non ont gonflé la tête du chanteur d'une trompeuse fumée, Cimarosa se lève, et, interrompant la répétition, il s'écrie : *bravo! bravo, caro! ma adesso, ai cantato il tuo, fa' mi il servizio di cantarmi il mio*; bravo! bravo, mon cher! mais à présent que tu as chanté ton morceau, rends-moi le service de me chanter le mien. Le pauvre compositeur n'avait pas pu reconnaître sa pensée étouffée par cette intempérance de notes. Avis aux modernes chanteurs de toutes les classes.

OBSERVATIONS

SUR LES USAGES DU THÉATRE

En Italie.

OBSERVATIONS

SUR LE THÉATRE ITALIEN.

La différence assez sensible que j'ai cru remarquer entre l'esprit général des modernes Romains et celui des autres provinces de l'Italie que j'ai été à même de voir et d'examiner, m'a entrainé dans une suite d'observations qui auraient dû se borner au seul domaine de la musique, je le confesse, attendu que lorsqu'on risque de se tromper sur un point, on doit avoir la discrétion de n'en point embrasser plusieurs, afin d'éviter d'avoir plusieurs fois tort; mais comme une opinion trop tranchée, un jugement sévère qui implique la dépréciation, excitent à la recherche des motifs sur lesquels ils se fondent, je me suis cru autorisé à m'enquérir des causes sur lesquelles est basée la supériorité absolue que les Italiens en général et les Romains en particulier s'attribuent dans les arts, dans la littérature, et à peu près en tout, sur les Français. On prendra mes remarques ou on les laissera pour ce qu'elles valent; je n'ai point la vanité de croire que je dirai quelque chose de bien neuf, de bien utile, mais j'ai du moins la conscience de mon attachement pour la gloire de mon pays, dont nos compatriotes se montrent si peu soucieux, pour la plupart; ce sentiment, que je ne cherche ni à exalter, ni à dissimuler, a guidé ma plume; ce que j'ai vu a fait le reste : c'est tout simplement ce que j'ai entrepris de raconter.

J'ai vu Turin, Milan, Plaisance, Parme, Bologne, Florence, Perouse, Rome, Naples, Salerne, Venise, Sienne, Livourne, Lucques, Pise, et tous les pays que l'on traverse pour aller de chacune de ces villes dans l'autre; je ne cite que celles dans lesquelles j'ai fait quelque séjour et où par conséquent j'ai eu le temps de faire quelques remarques. Ces remarques sont difficiles à faire pour un étranger, je le répète, et cette difficulté naît en partie de la diversité des dialectes; car, bien que la langue italienne soit la langue nationale de toute cette partie de l'Europe, et qu'elle me fût alors assez familière, chaque province ayant un langage, un dialecte, un patois si l'on veut, différent de celui des provinces voisines, différent à ce point que pour la plupart ils ne s'entendent point entre eux, il en résulte que ce n'est qu'après un long séjour et une attention fort soutenue que l'on peut parvenir à se l'approprier et à la prati-

quer de manière à la faire concourir aux soins que
l'on prend pour parvenir au but qu'on s'est proposé.

Rome étant la ville dans laquelle j'ai fait le plus
long séjour, c'est d'elle que je m'occuperai d'a-
bord et principalement : je parlerai des autres
villes suivant que l'occasion me paraîtra oppor-
tune.

Il me semble que les Romains de nos jours, jugés en général, j'ai grand soin de le redire, et par
comparaison, sont les moins instruits des Italiens
sur ce qui existe hors de leurs murailles. Ils se re-
posent, peut-être avec trop de confiance, sur la
possession des chefs-d'œuvre que les artistes de
l'antiquité, qui jouissaient alors de la juste considération qu'ils méritaient, enfantèrent sous leur
beau ciel. Ils dédaignent de connaître et traitent
même avec un mépris, que déguise à peine la plus
vulgaire politesse, tout ce qui leur est étranger.
Ils ne réfléchissent pas que les grands hommes finissent ; que pour paraître aussi grand, il faut
être plus grand qu'eux, et que l'émulation, née de
la connaissance d'essais, d'efforts étrangers, cou-
ronnés d'heureux succès, peut seule féconder et développer les germes des talents qu'une orgueilleuse
apathie finit par étouffer sans retour. Je ne me
permettrai pas de parler sur la peinture, la sculp-
ture, l'architecture, etc. Je sens profondément

que je dois me borner modestement à connaître le moins mal qu'il me sera possible ce qui regarde l'art de la musique; et cette étude me forcera, malgré moi, à dire quelques mots sur la poésie italienne moderne, sous le rapport du moins qu'elle a directement avec le théâtre lyrique.

Il est constant que l'opinion commune des Italiens est que nous, Français, nous n'avons point de musique, que nous n'en savons point faire, et que notre langue qui, à leur avis, n'est ni poétique, ni musicale, ne nous permet pas d'en faire : je ne rapporte pas des dires transmis, exagérés de bouche en bouche, mais des choses qui m'ont été dites à moi, en face, avec une confiance, une assurance tellement ingénue, qu'en vérité je n'avais pas le courage de m'en fâcher, encore moins celui d'entamer une discussion sérieuse pour redresser des opinions innées qui auraient nécessité un traitement curatif de toute la masse du sang et des idées.

A l'égard des défauts et des beautés des deux langues (je veux parler des langues italienne et française), il serait utile de conseiller aux ultramontains la lecture de la lettre de Voltaire à M. *Deodati Tovazzi* (corres. générp. ann. 1761), où il serait bien de leur faire remarquer ces mots : « Si » les peuples ont formé les langues, les grands » hommes les perfectionnent par les bons livres,

» et la meilleure de toutes est celle qui a le plus
» d'excellents ouvrages. » Il aurait pu ajouter :
celle qui est la plus répandue, que l'on parle le
plus généralement, et dont la littérature, éminem -
ment classique, sert de modèle à l'univers.

Je ne veux pas ici faire un procès à parties trop
disproportionnées; je comprends parfaitement que
les Romains modernes aient cette incurable vanité,
que la plus illustre origine pourrait, à la rigueur,
justifier en partie; elle ne prête quelque peu au
ridicule que parce que entre leurs gigantesques
devanciers et eux, il n'existe pas le moindre trait
de ressemblance.

Il est fort rare de rencontrer un Romain qui ait
voyagé. A ceci il y a deux exceptions à faire :
l'une pour les chanteurs que l'on appelait de
toutes les parties de l'Europe, l'autre qui fut la
conséquence de l'immense rénovation de 1789,
des circonstances impérieuses et des mouvements
prodigieux qui en furent les résultats immédiats
et successifs.

Il est rare, dis-je, de rencontrer un Romain
qui ait fait cinquante milles au-delà des murs de
sa chrétienne cité; d'où il est tout simple de conclure qu'il ne connait rien au monde de mieux que
ce qu'elle renferme.

Les bibliothèques sont fort peu communes,
presque entièrement composées de livres d'église,

de controverses monastiques ou de droit, qu'ils lisent fort peu, ou d'auteurs latins et italiens qui leur sont inconnus et qu'ils ne lisent point du tout. Nos livres de philosophie y sont proscrits, nos ouvrages d'histoire, de science, d'art, de littérature, qui odorent étrangement de *philosophisme*, n'y seraient pas mieux reçus et n'y sont point parvenus. Les sciences y sont à ce degré d'enfance, qu'on a eu beaucoup de peine à les persuader que les paratonnerres ne sont point une invention *diabolique*, et qu'au lieu d'attirer sur les monuments le feu du ciel pour les détruire méchamment, ils ne servent qu'à diriger la foudre et à la conduire dans quelque puisard, dans quelque citerne, où elle s'éteint forcément et ne peut plus nuire. Ceci ne prouve pas en faveur de leurs connaissances en physique; aussi, en 1809, n'y avait-il à Rome que trois paratonnerres, que le général Miaulis, gouverneur des États romains pour l'Empire français, avait fait placer sur la basilique de St.-Pierre.

Notre théâtre tragique leur paraît froid et mauvais; à la vérité, ils ne le connaissent que par quelques traductions et quelques médiocres représentations à Turin, à Milan, où l'on avait envoyé quelques-uns de nos acteurs secondaires pour y propager le goût de la littérature française, et qui n'avaient d'auditeurs que les Français momentanément fixés dans ces villes : on y voyait fort peu d'Italiens.

Nos excellentes comédies, le seul genre où les Italiens consentent à nous accorder quelque mérite, ne leur sont connues que depuis l'introduction des théâtres français en Italie. Les ultramontains, bien persuadés de la supériorité de leur langue sur la nôtre dont ils accusent l'énergique concision de pauvreté, avouent ingénument que la leur est si riche d'expression qu'ils peuvent improviser en vers pendant une heure et sans aucune idée faire de la poésie. Cette faculté de pouvoir dire deux ou trois fois, la même chose en termes différents, ou même de parler sans rien dire, prouverait tout au plus que leur langue est celle des mots et que la nôtre, qui ne possède pas cette fécondité stérile, est celle des idées ; mais ce serait presser un peu la comparaison et répondre par une hyperbole in-jurieuse à une hyperbole injuste, et je sais parfaite-ment que l'Italie s'enorgueillit avec raison de ses grands écrivains, soit poëtes, soit prosateurs.

Une remarque importante à faire et qui implique une contradiction manifeste, c'est que malgré le peu de cas que les Italiens font de notre langue, la majeure partie de leurs opéras modernes sont faits sur des poëmes français traduits et *arrangés* à la vérité à l'usage de leur scène lyrique, tels que : les deux Journées, le Mont S. Bernard, Lodoïska, l'Amour conjugal , les deux Prisonniers , Camille ou le Souterrain , Raoul sir de Créqui , le Barbier de Séville, etc., etc. On conçoit sans peine à la vérité qu'un compositeur fasse plus aisément de bonne musique sur un poëme régulier, sur des paroles dramatiques et de bon choix , que sur : *ô cara d'amore son cotto avampato*, ô ma chère je suis cuit et enflammé d'amour ; *il sangue mi gel addosso*, le sang me gèle au dos ; *se mi scopre o me meschina io son fritta come va*, s'il me découvre ah! pauvre malheureuse, je suis frite au mieux ; *la sua bocca e fatt' a posta per ils ervizio della posta*, sa bouche est faite exprès pour le service de la poste ; *e tutto sgangherato*, il est tout déhanché (dégondé littéral) ; *vogliono far la razza*, ils veulent faire de la race ; et mille autres phrases semblables qui peuvent être fort dramatiques dans la langue du Tasse et de Métastase, mais qui me semblent d'une grande trivialité.

Si nos poëmes d'opéra sont mis à contribution pour alimenter le théâtre italien, ne craignez pas qu'il en soit de même de la musique. Plus patriotes, plus nationaux que nous, ils n'ouvrent point ainsi leur pays aux étrangers, ils ne leur sacrifient pas les droits, la considération, la place, et jusqu'à l'existence de leurs concitoyens; ce qu'ils ont même de défectueux, ils le garderont tel, plutôt que d'avoir recours, pour le remplacer, à un étranger;

aussi, vous ferez le tour de l'Italie, du plus humble village à la plus brillante cité, sans entendre chanter une page de musique française, sans rencontrer un exécutant français. Honneur cent fois au peuple qui sait se faire respecter par de tels sentiments, auxquels on pourrait reprocher tout au plus quelque exagération.

Depuis un temps cependant des exceptions ont été signalées en faveur de quelques-uns de nos chanteurs qui ont obtenu sur les différents théâtres d'Italie de brillants succès.

Les ouvrages où se trouve la singulière poésie dont j'ai donné plus haut quelques échantillons assez significatifs, ces ouvrages, dis-je, se jouent le moins un mois consécutivement. L'usage dans ce pays divise l'année théâtrale en quatre saisons; chaque saison doit produire devant le public trois opéras, dont deux nouveaux, ou au moins un. Si, sur les trois, deux tombent, on joue le survivant toute la saison. Il devient moins étonnant alors que le peuple en retienne des fragments et même des morceaux entiers; car où est la mémoire assez paresseuse pour entendre quatre-vingts jours de suite, et à tout le moins trente, le même ouvrage, sans en retenir quelque chose? Cette organisation naturelle aux Italiens, si poétiquement décrite, cette beauté de chant qui leur appartient soi-disant exclusivement, tout cela s'explique facilement par l'action du temps et de la récidive; ajoutez à ces deux éléments l'uniformité, et vous aurez trouvé le secret du travail de la mémoire, qui se trouve par ces trois causes singulièrement simplifié.

La coupe ordinaire des opéras sérieux ou bouffons, est de un ou deux actes. Tout ce qui est en un acte se nomme *farssa*, farce. Je me rappelle avoir vu à Bologne, au théâtre *Marsigli*, l'Amour conjugal, musique de Mayer, opéra dans lequel un malheureux chevalier, auquel on avait ravi sa femme et sa liberté, languissait, chargé de chaînes, au fond d'un cachot où il était condamné à mourir de faim, ou à être égorgé s'il tardait trop, et où, en attendant, il chantait de beaux et longs adagios fort difficiles; comme cet ouvrage n'était qu'en un acte, on l'annonçait sous le titre de *farssa seria*, farce sérieuse.

Les opéras en deux actes sont ordinairement fort longs; pour varier le spectacle, on commence par le premier acte, ou par le second, ensuite on donne un acte de comédie, ou un ballet; puis après, on joue l'autre acte, ou un autre acte d'opéra, comme cela s'est fait maintes fois à Rome : j'ai vu à Pérouse dans la même soirée le premier acte du roi Théodore et le second acte de l'Amour marinier. C'est à l'Italie que l'on a emprunté ce déplorable dévergondage théâtral dont les gens de goût sont justement révoltés, et qui nous conduirait, si le scandale de l'imitation se propageait davantage , à voir mélanger les actes du Cid, d'Athalie, d'OEdipe, avec ceux de l'Avocat patelin, de M. de Pourceaugnac, ou du Désespoir de Jocrisse. Il ne manque plus que ce fait à la dégradation toujours croissante de la scène en France.

Le spectacle se termine presque toujours par *una farsselta*, une petite farce, ou ballet comique; on le commence toujours à une heure de nuit, c'est-à-dire une heure après le coucher du soleil ; ce qui fait qu'en hiver il commence, suivant notre manière de compter, à six heures et demie environ et en été vers neuf heures et demie : ce qui le fait finir long-temps après minuit.

L'ordonnance d'un opéra est à peu près toujours la même , qu'il soit bouffe ou sérieux, et dans l'ordre suivant : d'abord, une espèce d'ouverture, appelée par les Italiens qui n'en connaissent point d'autres, symphonies ; cette ouverture, qu'au surplus on n'écoute jamais, n'a aucune espèce de rapport avec l'ouvrage et est toujours en ré majeur avec trompettes. Les orchestres sont en général médiocres sous le rapport de l'exécution. En Italie on fait si peu de cas de l'exécution instrumentale que ce n'est point une profession, pour ainsi dire, que d'être violoniste, bassiste, etc. On est fruitier, ferblantier, orfèvre, etc. Si par hasard on sait jouer de quelque instrument à cordes, ou à vent, on peut utiliser ses soirées aux théâtres, où l'on gagne trente sous par jour, car on ne fait point d'engagements de cette sorte à l'année, ni même pour une saison : si le théâtre fermait au bout de quinze jours, on payerait les quinze jours, et chacun retournerait à son comptoir : il n'en serait que cela.

Il y a très peu de basses dans les orchestres : on ne distingue cette partie qu'à la faveur des contre-basses que l'on accorde en quartes dans ce pays. La partie si importante d'alto y est presque nulle. Il s'ensuit que l'on n'entend pour ainsi dire que les deux extrêmes, grave et aigu : au milieu, rien, ou à peu près.

Je n'ai rencontré d'exception à ce que je viens d'esquisser qu'à Milan et à Naples. Je dois le dire pour être aussi juste que possible.

Le la de la trompette est toujours la première note que l'on entend dans les orchestres d'Italie avant le commencement du spectacle ; si cette ouverture finissait autrement que par le fameux *crescendo*, cette pierre de touche de tout morceau de musique, elle serait impitoyablement sifflée. Les Italiens affectionnent singulièrement ce *crescendo* qu'ils entendent toujours, partout, dans tout, à satiété, et dont ils ne se lassent point. Après l'ouverture, on entend un chœur, un air de second chanteur, un air de seconde chanteuse, un air bouffe, un duo et un final en mi bémol : voilà pour le premier acte. Le second acte est toujours un vaste champ de discussions, de pourparlers, pour décider qui des deux, de la *prima dona assoluta*, ou *di cartello*, ou du *primo tenore assoluto*, chantera le premier morceau du second acte. Il y a beaucoup de chanteuses en ce pays des merveilles, que ni poëte, ni compositeur, ni convenances dramatiques, ni même le sens commun, n'obligeraient à céder le pas et à souffrir qu'une autre se fît entendre avant elles; et elles mettent à défendre leurs droits d'étiquette et de primauté toute l'opiniâtreté que mettrait l'ambassadeur du premier souverain du monde. Enfin, toute concession débattue et accordée, on entend un air de première chanteuse, dans le ton, le mouvement, et avec les principaux passages qu'il lui a plu d'indiquer au compositeur, qui doit se soumettre, quelque dépit qu'il en ait, ou se résigner à n'être pas chanté ; ensuite, un air de premier chanteur, qui ne chante qu'aux mêmes conditions : après cela, vient assez ordinairement un duo entre la première chanteuse et le premier chanteur, précédé ou suivi d'une indispensable polonaise, puis un quintetto, ou un sestetto, quelques remplissages, et un final. Tous ces morceaux, disposés comme dans un concert plutôt que comme dans un opéra, et où la scène, la convenance, l'intérêt dramatique n'ont absolument aucune part, sont entrecoupés par le récitatif simple, qui n'est propre tout au plus qu'à laisser reposer les premiers chanteurs ; ce récitatif est accompagné par un clavecin fort aigre, un violoncelle, qui, malheureusement pour quelques oreilles délicates, lui ressemble souvent assez, et qui prélude presque constamment dans le ton, ou à peu près, dans lequel récite le personnage qui est en scène, et une contrebasse. On s'accoutume difficilement à la monotonie de ce récitatif, qu'au surplus on n'entend heureusement qu'à peine, tant le bruit que l'on fait est général, tant qu'il dure : on pourrait certainement se croire dans une promenade publique fréquentée plutôt que dans une salle de spectacle. Aussi, est-il d'un usage général d'annoncer par le bruit d'une sonnette le commencement de chaque morceau. Si l'acteur est applaudi, il fait au public un profond salut, et quelle que soit sa situation, viendrait-il de s'évanouir, ou même de se poignarder, les battements de mains et les cris de *fuora* ! *fuora* ! dehors ! dehors ! le forcent à reparaître, souvent même lorsque la toile est baissée, et on ne la relève pas pour lui ; alors il se glisse par un des coins du rideau et traverse le théâtre en faisant force saluts, puis il va disparaître par le côté opposé ; les femmes sont soumises au même usage.

Une chose fort insupportable, c'est que le souffleur, qui souvent se rend à son poste sans cérémonie par le dessus de la scène pendant que l'on joue l'ouverture, prévient toujours, à très-haute voix, un vers d'avance, l'acteur qui est en scène. Comme le trou du souffleur n'a point de capotte comme sur nos théâtres en France et que les souffleurs ultramontains parlent souvent plus haut que les acteurs ne chantent, il résulte de ce mélange psalmodique de la voix parlante à découvert et de la voix chantante un effet d'une monotonie et d'une discordance très désagréable : heureusement que le bruit que l'on fait quotidiennement dans la salle empêche souvent d'entendre celui qui chante aussi parfaitement que celui qui parle ; il y a une exception à faire toutefois, et c'est quand on représente un ballet ; alors, on garde un profond silence. Les Italiens ne sont point dans l'usage de se faire visite, de se donner à diner dans leurs domiciles respectifs. C'est au spectacle qu'ils vont de loge en loge voir leurs amis, leurs connaissances, qu'ils soupent à pique-nique, payant chacun leur part, qu'ils jouent aux cartes, prennent des glaces, parlent d'affaires, de plaisir, ou d'amour.

La partie dramatique, si importante au théâtre, est tout autrement entendue en Italie qu'en France. Un chanteur ou une chanteuse s'embarrasse fort peu d'occuper la scène par quelque démonstration muette qui puisse faire illusion et donner à croire que l'acteur est réellement le personnage qu'il re-présente, surtout pendant les *ritournelles* à solos d'instruments à vent, ordinairement très longues et du plus parfait contre-sens. Pendant un air, l'acteur se promène, regarde dans les loges en mettant sa main devant sa figure pour se garantir de la lumière de rampe qui l'empêche de rien distinguer, par la raison que dans les salles de spectacle de ce pays il n'y a jamais de lumière pendant la représentation. Si c'est un duo, tandis que l'un chante, l'autre promène autour de lui les regards curieux que je viens de signaler, disparaît souvent tout-à-fait, et ne rentre qu'à sa *réplique*. Il est facile de comprendre, d'après ce qui vient d'être dit, que les poëmes d'opéras italiens, que l'on achète ordinairement à l'avance pour une somme extrêmement modique, de quelque genre qu'ils soient, ne sont que des canevas revêtus de titres fastueux, des espèces de *tiroirs*, où l'on case, selon le caprice des chanteurs, tel ou tel morceau. Ceci me rappelle une petite anecdote qui trouvera, ce me semble, naturellement ici sa place. « Pacsiello, du haut de sa grandeur, tombait parfois très lourdement. Il y a quelques dix ans, il fut appelé à Rome pour composer un opéra, qui fit une chute solennelle : un morceau, un seul duo fut applaudi et méritait de l'être; tout le reste, à tort ou à raison, fut conspué; il n'en fut plus question. A quelques années de là, engagé de nouveau à composer un ouvrage pour la même ville, Pacsiello eut l'idée de transposer son duo, d'y faire mettre d'autres paroles et de l'intercaler dans sa nouvelle partition. Les Italiens ont de la mémoire, l'élocution facile et la répartie rapide; à peine le duo était-il au quart de sa durée, que quelqu'un se mit à crier dans le parterre : *Ben tornato sor duetto*, soyez le bien revenu monsieur le duo; l'opéra nouveau manqua de succomber sous le coup de cette saillie bouffonne. » Il est très commun en Italie d'entendre des opéras : je parle de ceux qui ont l'extrême fortune de survivre un an ou deux à la saison qui les a vu naître, où l'on a conservé à peine trois ou quatre morceaux de l'auteur; chacun y met le sien : le plus important est toujours celui que chaque chanteur appelle son *quaresimale*, ou morceau de carême : c'est ordinairement la mesure de tout ce qu'il est capable d'exécuter, et qu'il va colporter dans toutes les villes où il est engagé, jusqu'à ce qu'on lui en ait fait un autre meilleur ou plus à son gré, ou du moins plus nouveau. Il faut qu'il entre de gré ou de force dans l'opéra promis, à la seule condition d'en refaire les paroles : ce qui n'est qu'une véritable bagatelle.

Autrefois, on avait imaginé d'introduire au théâtre les *castras*, ces malheureuses victimes de la stupide barbarie des chrétiens; comme si l'on avait fait la gageure de renoncer tout-à-fait au bon sens : ces ressources chantantes devenant heureusement plus rares de jour en jour, on a lucidement ima-

giné de faire jouer les jeunes amoureux, dans la tragédie lyrique, par des femmes ; ceux de l'opéra
bouffe sont abandonnés aux hommes ; ce qui est
bien aussi une espèce de contre-sens. J'ai vu représenter à Rome *La destruction de Jérusalem*, de
Zingarelli, opéra sérieux, dans lequel le rôle de
Flavien Josèphe, l'historien, Juif d'origine, rangé
sous les enseignes des Romains, et ambassadeur
de Titus, était chanté par une femme ; *Didon*, de
Fioravanti, opéra sérieux, dans lequel le rôle d'É-
née était chanté par une femme ; *Baudoin*, de Zingarelli, opéra sérieux, dans lequel le rôle de l'a-
moureux était chanté par une femme, ainsi que
dans *Inès de Castro* du même auteur. Nous avons
vu à Paris récemment le rôle de *Roméo* chanté par
madame Malibran, et le rôle d'*Arzace*, dans *Sé-
miramis*, par madame Pizzaroni.

La vérité des costumes et des accessoires histo-
riques, ou de localité, n'est nullement observée.
Les décors, dont on change six ou huit fois dans
chaque ouvrage et qui sont peints avec une *facilité* qu'on pourrait parfois appeler désespérante,
ne m'ont point paru, non plus que les machines,
mériter leur grande réputation. On ne sait pas hausser ou baisser la rampe pour faire le jour ou la nuit ;
on se sert à cet effet de deux petits châssis garnis
de gaze verte que le souffleur lève et baisse à droite
et à gauche chaque fois que cela est nécessaire.

Dans la plupart des théâtres, la rampe s'allume par le dessus de la scène, et à chaque entr'acte un garçon couvert de haillons grecs, romains ou turcs, vient remplacer les verres cassés, couper les mèches et recueillir les plaisanteries, les quolibets que son apparition sur la scène ne manque jamais d'exciter dans le parterre et quelquefois dans les loges. L'Opéra sérieux ne se joue que pendant le carnaval; c'est alors que l'on fait les plus fortes dépenses, parce que c'est alors aussi que l'on ouvre les grands théâtres; le reste de l'année on joue l'opéra bouffe, la comédie et la tragédie, le tout souvent pêle-mêle, avec le même goût qui distingue la composition des spectacles de certaine de nos grandes scènes de Paris.

A Rome, où les spectacles sont dévotement proscrits, j'ignore absolument pourquoi, mais que les papes autorisent tous les ans par une permission spéciale et où les prêtres de tous les rangs ne se font pas plus scrupule d'aller qu'au café, et ailleurs, on représente pendant le carême des oratorios en musique et d'autres en prose. Les premiers sont des opéras sous un nom différent, mis en scène sur le même ton que les autres. J'ai vu représenter l'oratorio de *Debora e Sisara*, sujet tiré de l'Écriture, dans lequel les deux principaux personnages, de l'un et de l'autre sexe, étaient joués par deux femmes dont le costume était certainement inconnu à tous les âges du monde, et dont les casques, de forme équivoque, étaient recouverts en velours cramoisi pailleté en or et ornés d'une longue queue de crin noir : je doute fort que cela soit bien historique ; au surplus, l'*illustre* Crescentini, castrat chantant, conduit à Paris par les ordres de l'empereur Napoléon, demanda, pour jouer le rôle d'Achille au théâtre de la cour, un casque en velours bleu ciel pailleté en argent : ceci, par exemple, est rigoureusement historique.

Les oratorios en prose sont de même tirés de la Bible et représentent toujours les faits les plus sanglans de cette histoire. La mort d'Holopherne, sale composition que je vis une fois à Rome, me dégoûta radicalement de toutes les représentations de ce genre. Judith tranchait sur le théâtre la tête du chef ennemi qu'elle était venu traîtreusement séduire, enivrer, endormir, ainsi qu'un boucher partage une pièce de bœuf avec une scie, et retirait du lit ensanglanté une tête sur laquelle on avait appliqué un masque ressemblant à l'acteur qui jouait le rôle d'Holopherne ; au col de cette tête on avait adapté des flocons de laine rouge qui achevaient de compléter l'illusion à l'instant où l'on entendait le bruit sourd de cette tête tombant au fond d'un sac que tenait une suivante dans l'attitude d'une impassibilité parfaite ; les cris, les trépignemens, les bravos, n'avaient plus de frein.

Je me rappelle , à cette occasion , avoir entendu faire cette remarque, que chez tous les peuples fanatiques et nécessairement ignorants, une nuance fortement prononcée de férocité se mêle à toutes leurs actions et jusque dans leurs jeux : sous ce rapport , les Romains modernes ne démentent point leurs ancêtres qui , à défaut de Bible à exploiter, prenaient un grand plaisir à voir des gladiateurs s'entr'égorger, ou des prisonniers déchirés en lambeaux par des bêtes fauves affamées.

Ce goût , je me sers ici d'un terme poli et usité , ce goût, dis-je , se reproduit dans leurs tragédies et dans leurs drames où le poignard, l'épée , le poison, la mort enfin , distillés en cent façons différentes , font d'une représentation dramatique , pour quiconque n'est point rompu à ce genre de gracieusetés, une véritable question extraordinaire. Etant en voyage , je vis dans je ne sais quelle petite ville où je n'avais qu'une demi-journée et une nuit à passer, et dont le nom m'échappe , un drame en prose en cinq actes, où cinq ou six personnes périssaient de la manière la plus violente. Je recueillis de cette agréable soirée le cauchemar pour toute la nuit et le dégoût du spectacle pour trois semaines : les dames me trouveront peut-être bien délicat !...

Les comédies italiennes ont ceci de particulier que, pour la plupart, elles ne peuvent pas être représentées ailleurs que dans le lieu où elles ont été composées. Pour expliquer cette espèce de séquestration, il faut savoir que chaque province, chaque ville pour ainsi dire, a son *Bouffon* particulier, national, parlant exclusivement le dialecte populaire, et qu'il faut, quoi qu'il arrive, placer dans tout, toujours, en dépit de tout. Milan a son *Jirolamo*; Venise a le *Pantalon*, le *Scaramouche*, le *Brighella*; Florence a le *Fiorentino*; Rome a le *Bergamasque*, l'*Eminente* bouffon femelle; Naples en a deux : l'un pour l'Opéra, le *Lazzaroni*, l'autre pour la comédie et le mélodrame, le *Pulchinella*. Dans chacun de ces pays, où la langue diffère essentiellement, comme je l'ai déjà dit, le rôle comique est écrit dans le patois du lieu, bien que le reste de l'ouvrage soit en bon toscan. Il en résulte que ce qui est comique dans une ville ne serait pas compris dans une ville voisine où l'on ne comprendrait point ce patois.

Il se rencontre quelquefois dans les compagnies dramatiques, qui prennent habituellement le nom de celui d'entre eux qui a le talent le plus distingué, comme par exemple la troupe *Demarini*, que je rencontrai à Milan, la troupe *Goldoni*, que je vis à Lucques, la troupe *Righetti*, qui donnait des représentations à Naples à l'époque où je m'y trouvais; dans ces compagnies, dis-je, s'il se trouve un bon comique, connaissant bien l'idiome, l'esprit et la caricature de plusieurs dialectes différents, il prend le titre de *caractériste* et enrichit de beaucoup d'ouvrages le répertoire de sa troupe. Les comédiens parlants, ainsi que les comédiens chantants, ne sont fixes en aucun lieu en Italie; les engagements ne se font que pour une saison, et c'est merveille que de voir les mêmes acteurs un an entier dans la même ville : au surplus, compositeurs, poëtes, danseurs, exécutans, décorateurs, tragiques, comiques, sérieux, bouffons, tous sont soumis au même usage.

Ce que je n'ai pu voir sans surprise, c'est que les acteurs parlants, qui sont ordinairement beaucoup meilleurs comédiens que les acteurs chantants, sont beaucoup moins estimés pour leurs talents, beaucoup moins considérés dans leur personne et beaucoup moins rétribués. La plus haute noblesse, à Rome, ne se fait aucun scrupule d'admettre publiquement dans sa maison, dans sa loge au théâtre, dans sa calèche à la promenade, un chanteur, ou une chanteuse : il n'en serait pas de même pour un acteur de tragédie ou de comédie; pourquoi? je l'ignore complétement.

J'ai entendu dire à des Italiens, parlant de *Demarini,* que j'ai cité plus haut, homme d'un talent vrai, naturel, plein de sensibilité, de véritable dignité, et qui avait longtemps vu le théâtre français où brillaient alors de tout leur éclat

Talma, mademoiselle Mars, Lafont, mademoiselle
Raucourt, Damas, Dugazon, Fleury, mademoiselle Devienne, Grandménil, Michaud, mesde-
moiselles Comtat, etc. J'ai entendu, de mes deux
pauvres oreilles, dire à ces gens, auxquels je cherche encore un nom qui soit à la taille de leur
jugement et de leur goût, que *Demarini* était allé
se *gâter* à Paris.

Ces troupes errantes de comédiens vont ainsi
courant le pays, applaudies là, sifflées ailleurs,
suivant que les ouvrages et les acteurs plaisent ou
déplaisent. Il faut être né pour cette vie nomade
de bédouin qui ne vous permet pas une heure
d'être vous, d'être autre chose qu'une des pièces
du bagage de l'entrepreneur.

J'ai vu à Rome le fameux *Pulcinella* napolitain
faire une très mince figure ; d'abord, les Romains
et les Napolitains se détestent avec une merveilleuse expansion, ensuite à Rome personne ne comprend un mot de patois napolitain, et de plus, les
compositions théâtrales dans lesquelles ce personnage entre constamment sont si bizarres qu'il faut
être lazzaroni pour les comprendre et les goûter.
Par exemple, je citerai l'histoire entière de Psyché,
que j'ai vu représenter à Naples au théâtre *San
carlino*, où *Pulcinella* (polichinel, enfin !), vêtu
de sa casaque de toile blanche, large pantalon,
souliers gris, chapeau long et pointu de feutre gris,

comme notre paillasse, ayant de plus un demi masque couleur de café brûlé, orné d'un nez crochu en forme de bec de perroquet, de cinq pouces au moins de longueur, et portant une grosse sonnette à sa ceinture, remplissait le rôle de confident de l'amant de Psyché : cet amant était vêtu à l'espagnole, comme au temps d'Isabelle; Psyché était la Psyché de la fable, ayant pour suivante une servante napolitaine parlant le langage des lazzaroni, faisant l'amour avec le susdit *Pulcinella*, et ne parlant, à tous propos, ainsi que lui, que de plats de macaroni. Que l'on note bien que ce n'était point en carnaval que se donnaient de pareilles représentations; je dois dire, cependant, pour être aussi véridique que je me suis fait un devoir de l'être, et autant qu'il m'a été possible, après un assez long séjour dans ce pays, d'en comprendre le dialecte, que rien n'est plus spirituel, plus plaisant, plus hyperbolique, plus vif, que ce patois, qui a sa grammaire, ses règles, son orthographe, ses auteurs qu'on estime fort, et que l'on dit composés d'une foule innombrable de mots hérissés de consonnes doubles, et que l'on dit empruntés au grec, au latin, à l'arabe, à l'espagnol, que les personnes lettrées citent souvent comme étant conservés purs dans le langage familier du peuple. J'ai entendu, pendant mon séjour à Naples, un neveu du célèbre compositeur Piccini, homme d'esprit, poète distingué dans cette langue, réciter en société bon nombre de ses burlesques et spirituelles compositions, d'une manière aussi distinguée que comique. Je citerai encore comme chose extraordinaire l'hist oire de Charles XII que l'on donnait à ce même théâtre de *San Carlino*, dont le premier épisode se jouait le dimanche, le second le lundi, le troisième le mardi, le quatrième le mercredi, et ainsi de suite jusqu'au samedi qu'arrivait le dénouement; puis on recommençait le dimanche le cours des épisodes dont chacun occupait les spectateurs une soirée entière; je m'abstiens d'entrer dans des détails qui m'entraîneraient dans des redites sans intérêt pour le lecteur.

Les salles de spectacle d'Italie sont plus grandes, plus belles, mieux ornées et surtout beaucoup mieux construites que les nôtres. Leur forme, en général, est celle d'un cercle parfait, coupé par son diamètre régulier dont une moitié appartient aux spectateurs, l'autre à la scène. On n'a pas dans ce pays, comme chez nous, la détestable manie d'étrangler l'avant-scène entre deux énormes massifs de constructions à colonnes énormes, ou à pilastres pleins, plus lourds encore, et dont l'unique avantage est d'empêcher jusqu'à la dixième place au premier rang, jusqu'à la quinzième au moins sur le second rang, de rien voir au-delà du trou du souffleur, du haut en bas de chaque salle, à droite et à gauche. De plus, sur la hauteur, ils gagnent un rang de loges de plus que nous, car il y a moins de place perdue. Leur manière de construire est sans doute excellente, puisque dans la salle Saint Charles, à Naples, la plus grande de toutes, j'ai compté six rangs de loges, quarante-deux loges à chaque rang, pouvant contenir douze personnes chacune : et j'y ai compté ce nombre de personnes le jour de grand *gala* donné pour la fête du roi Joachim, au mois d'août 1811, et que, malgré cette prodigieuse dimension, on entend parfaitement de partout.

La salle du théâtre Impérial de Turin est vaste ; mais elle déroge pour la forme, qui est un peu ovale. Le fond général est amaranthe uni, richement décoré de dorures en or fin. La loge Impériale est au fond, en face, et comprend le premier et le second rangs de loges ; elle est garnie de glaces, de lustres, et de dorures de la plus grande richesse : on m'a assuré que dans sa construction il n'entrait que de la pierre et du fer ; elle est, au surplus, à l'abri des dangers de l'incendie par la grande quantité de ressources d'eau que l'on a réunies sur ce point.

Le théâtre *Suttero*, dans la même ville, où l'on joue l'opéra bouffe, est petit, malpropre et fort laid.

Milan possède plusieurs belles salles ; mais

comme je me suis imposé la loi de ne parler que de ce que j'ai vu, je commencerai par celle de la *Canobiana*, la première où je suis entré, et où il y avait alors une troupe de comédiens français. Cette salle est grande, de belle forme; mais ses ornements sont confus, et il y a une si grande profusion de couleurs tranchantes qu'elle ressemble, au premier coup d'œil, à un magasin d'échantillons de papiers de tenture. La plus belle salle de toute l'Italie, suivant mon opinion, que je ne donne point comme un arrêt de bon goût, est celle de la *Scala* (à Milan); elle a six rangs de loges fermées du côté des spectateurs par des rideaux de soie bleue à un étage, orange à l'étage supérieur, blanche plus haut, et ainsi alternativement jusqu'en haut. Sa forme, parfaitement ronde, est élégante, ses ornements sont riches, nombreux, frais et de bon goût : sa grandeur peut être évaluée à un grand quart, en plus, de notre salle d'Opéra de Paris, et l'on y voit, on y entend très distinctement de toutes les places : avis important à messieurs les architectes, qui tous, cependant, ont été pensionnaires du gouvernement en Italie, et qui ont vu tout ce que je signale ici. Le théâtre de la *Scala* est, après celui de St-Charles, à Naples, le plus grand de toute l'Italie et très probablement du monde connu.

Le théâtre *Ste-Radégonde* est fort laid : on re-

marquera avec quelque étonnement que du lieu
où se fulminaient les bulles d'excommunication
contre les comédiens, que voulaient, que payaient
les rois de l'Europe, que protégeaient partout les
lois plus judicieuses en ceci que les stupides préjugés, il y avait bon nombre de théâtres sous l'invocation de divers saints et saintes ; je pourrais,
malicieusement, pousser plus loin mes investiga-
tions et signaler certaines madones, certaines images
de saints, trouvées en certains lieux que les sou-
venirs d'une multitude de voyageurs curieux et
observateurs me dispensent de signaler d'une manière plus explicite.

Je ne passerai pas sous silence le fameux théâtre
de *Jirolamo* (à Milan) : la salle ne mérite aucune
remarque ; mais les marionnettes que l'on y fait
jouer sont étonnantes par leur souplesse, leur ensemble, et le rapport parfait qui existe entre la
parole de ceux qui récitent derrière les rideaux et
ces petites figures de bois et de linge que l'on fait
mouvoir avec une si divertissante perfection : j'ai
vu jouer à ce théâtre certaines comédies de *Goldoni*, le Molière de l'Italie, d'une manière qui
aurait été certainement très satisfaisante pour
l'auteur.

C'est au théâtre de la *Scala* que je vis le premier
grand ballet, *César en Egypte*, si je me rappelle
bien. J'y trouvai la danse fort différente de celle de

notre grand théâtre de Paris. Un objet captiva, je l'avoue, toute mon attention : c'est la pantomime. Dans ce pays, elle a un langage muet, pour ainsi dire noté, et d'une étonnante vérité d'expression : là, les gestes parlent réellement et se font comprendre du spectateur le plus novice. Chaque pensée, chaque objet a un geste arrêté qui l'exprime clairement : sous ce rapport, cette pantomime est infiniment supérieure à la nôtre, que l'on ne comprend que quand on a la confidence intime du corégraphe, et que l'on a médité attentivement le *libretto* publié le jour de la première représentation d'un ouvrage de ce genre sur notre grand théâtre de l'Opéra de Paris. On peut reprocher à la pantomime italienne de pousser trop loin la symétrie et d'astreindre les corps de ballet, par exemple, à une conformité de mouvements, de pas, de gestes, d'action trop systématique, qui leur donne la physionomie d'automates organisés, ou de soldats faisant l'exercice : ce qui est à peu près la même chose.

Il y a sur tous les théâtres d'Italie une véritable lèpre, le scandale de la raison autant que du bon goût ; c'est un corps spécial composé de quatre hommes et quatre femmes : ce corps s'appelle *les grotesques*. Ces individus ont un costume qui n'appartient à aucune nation, mais qui ressemble davantage à celui des Mamelouks, ou des Tartares chinois; ils ne sont jamais de l'ouvrage que l'on représente, et paraissent cependant dans tous les opéras que l'on joue, les opéras sérieux particulièrement. Ces gens ne dansent point. Leur habileté, que l'on n'exploite à peu près que dans les scènes dépourvues de toute espèce de liaison, d'intérêt, ou dans les entr'actes, consiste à faire mille contorsions ridicules, à sauter aussi haut que la force de leurs jarrets le leur permet, à battre les semelles, à faire enfin le plus d'extravagances qu'il leur est possible, ce qui leur attire les plus bruyants applaudissements de la part des Italiens qui affectionnent singulièrement ce genre de sottise, ou, si vous l'aimez mieux, de sauts périlleux. Il me semble, j'en demande bien pardon à qui de droit, que comme danseurs, il n'y a absolument rien à dire des *grotesques*, et que comme faiseurs de tours, les équilibristes sur la corde tendue, ou sur la corde lâche, sont infiniment plus habiles : je ne prétends pas nier, cependant, qu'ils ne m'aient souvent fort diverti.

J'ai vu à Parme, dans l'immense palais des ducs Farnèse, une salle de spectacle qui mérite une mention particulière, malgré l'état complet de délabrement où elle était alors. Elle pouvait contenir treize mille spectateurs ; sa forme, ses détails, m'entraîneraient dans des digressions trop longues ; il me suffira de dire qu'elle participait de la forme

antique et de la forme moderne. Le parterre était
doublé en plomb et pouvait être rempli d'eau à la
hauteur de quatre à cinq pieds, en cinq minutes,
par le moyen de larges tuyaux situés de chaque
côté. Ce théâtre, par son énorme dimension, était
aussi propre aux pantomimes équestres (un régi-
ment de cavalerie pouvait facilement manœuvrer
sur la scène) et aux évolutions, ou aux combats sur
l'eau; la construction en était si extraordinaire, que
deux personnes placées au fond du théâtre, contre
le mur, et parlant à demi-voix, étaient distinctement entendues à la porte d'entrée des gradins :
espèce d'amphithéâtre des premières d'une vaste dimension, et qui descendait jusqu'au bord du bassin,
que l'on remplissait, suivant l'occurrence, d'eau,
ou de spectateurs. Il y avait, en outre, dans cette
salle étrange qu'un riche souverain ne se charge-
rait pas, de nos jours, de reconstruire, un écho
extraordinaire ; le bruit causé par la chute d'une
pierre, d'une pièce de bois, se répétait quinze ou
dix-huit fois très distinctement en accélérant et en
diminuant de force, jusqu'à ce que le bruit devint
tout à fait insensible.

La salle du théâtre *Marsigli*, à Bologne (j'en
ai déjà parlé), ne mérite pas d'être comparée aux
salles de nos théâtres des boulevards. Ce que je vis
de plus singulier, dans cette ville, c'est une représentation dramatique en plein jour, en plein air,

dans une espèce de cirque destiné à cet usage. On y joua une comédie tenant un peu du drame; la représentation était satisfaisante sous tous les rapports; mais l'inhabitude où j'étais de ces sortes de spectacles me fit trouver le rouge et les habits brodés, d'une bien désagréable apparence.

A Florence, la salle de la *Pergola* est la plus grande; sa forme est agréable; mais lorsque je la vis, elle avait grand besoin d'être mise à neuf. Il y a dans la même ville plusieurs autres salles, mais fort secondaires et dont les noms m'échappent en ce moment. La salle de spectacle de Lucques est médiocrement grande, mais assez jolie. A Brescia, il y a une fort belle salle, qui figurerait avantageusement dans une ville de premier ordre. A Rome, il y a plusieurs salles dont la plus remarquable est celle d'*Argentine*, à cause de sa grandeur et de sa belle forme; c'est dans cette salle que se joue l'opéra séria. Vient ensuite celle d'*Aliberti*; elle est grande aussi, mais d'une forme moins élégante que la précédente. Celle de *Tordinodi*, sur le bord du Tibre, est vaste et mal décorée. Celle du théâtre *Valle*, où l'on joue ordinairement l'opéra buffa, est petite et fort malpropre. La salle du théâtre *Clémentine* est tout à fait abandonnée au peuple. Celle de *Palacorda* est aussi très médiocre, mais on y voit les fameux *Bourattini*, c'est-à-dire les marionnettes qui, bien qu'inférieures à celles de Milan, n'en sont pas moins extrêmement divertissantes.

La salle *San Benedetto*, à Venise, est très grande, richement décorée, mais sans goût. La salle des *Florentins*, à Naples, est d'une forme agréable et assez bien ornée. Celle du *Fondo*, que l'on peut mettre sur la même ligne que la précédente, offre une particularité assez remarquable; le fond du théâtre s'ouvre sur le bord de la mer, et au moyen de barques garnies de lanternes rangées sur deux files, il offre aux spectateurs une avenue d'une étendue qui paraît immense, et produit un très bel effet.

J'ai vu aussi la salle de spectacle de Salerne, mais je ne lui accorde ici un souvenir que pour n'avoir pas à me reprocher une omission.

Il n'est pas d'usage en Italie d'éclairer les salles de spectacle pendant les représentations. Lorsque le public commence à entrer, on descend une espèce de lustre garni de quelques torches de cire que l'on fait disparaître sitôt que l'ouverture commence; les couloirs de circulation sont même généralement fort mal éclairés; il n'y a point de contrôle à la porte, point d'ouvreuses pour les loges, attendu que chaque personne, en louant la sienne, en reçoit la clef qu'elle emporte comme celle de son appartement : ces clefs sont numérotées de façon qu'il ne peut y avoir de méprise. Chaque loge est assez ordinairement la propriété d'une famille , soit par location, soit par acquisition définitive. Les spectacles sont moins chers en Italie qu'en France; on entre au parterre de tous les grands théâtres pour un franc : celui de Naples excepté (S. Charles) où l'on paye deux francs cinquante centimes. On conçoit que l'obscurité qui règne dans les salles, et à peu près partout, l'absence de tout serviteur incommode, l'avantage d'occuper des loges séparées qui peuvent être entièrement fermées, tout cela réuni donne une immense liberté dont les Italiens sont extrêmement jaloux, non qu'ils aient pour elle une estime politique et le sentiment réfléchi de leurs droits, mais à cause d'une certaine nonchalance qui les rend ennemis irréconciliables de toute espèce de gêne et d'étiquette; aussi, va-t-on au spectacle le plus souvent sans toilette, et pour ainsi dire en robe de chambre. On reçoit ses visites, on joue, on soupe : alors on ferme les rideaux et l'on allume des bougies dans l'intérieur, ou bien on cause d'affaires tout haut, ou d'amour tout bas, et l'on rentre chez soi souvent sans avoir entendu un mot de ce qui s'est dit sur le théâtre.

C'est ordinairement une association de plusieurs seigneurs, ou de plusieurs particuliers riches, qui fait l'entreprise de un ou de plusieurs théâtres, pour une saison seulement, ou pour plusieurs, rarement pour une année entière : ils ont un gérant en évidence ; c'est avec lui que s'engagent, par écrit, poëtes, compositeurs, acteurs, musiciens, danseurs, choristes, enfin employés de toute nature; comme il est fort rare de trouver dans une même ville de quoi organiser un spectacle complet, le gérant, qui fait les fonctions de directeur et en prend le titre, écrit trois mois à l'avance à ses correspondants, qui sont chargés de négocier les marchés, suivant les besoins et les ressources qu'on leur a fait connaître. Alors ces correspondants font passer au directeur les *scritture* ou engagements qu'ils ont contractés avec les différents sujets ; le directeur les accepte suivant le talent et les prétentions de chacun, ou les discute. Les conditions ordinaires, indépendamment de la somme en argent, sont les frais de voyage, le logement, la nourriture, et un dédit aux dépens de l'entreprise : le poëte et le compositeur logent ordinairement chez le directeur. Chaque premier chanteur, chaque première chanteuse a, de plus, droit à une représentation à son bénéfice à la fin de son engagement. La personne qui l'obtient va porter des clefs de loge à toutes les personnes considérables de la ville, et le soir elle s'assied à la porte, revêtue de son costume de théâtre, de son rouge, près d'une table sur laquelle est un plat d'argent entre deux bougies allumées. A chaque pièce d'argent ou d'or que la générosité laisse tomber, et qui est toujours

en dehors du prix fixé de la loge, elle se lève et
fait un profond salut. Cet usage étrange est général en Italie pour les spectacles et les concerts, et
à ce point que tel ou tel ne paiera sa place qu'un
écu et jettera dans le bassin un sequin. Comme je
l'ai dit, on reçoit la clef numérotée de la loge que
l'on loue et on peut en disposer à sa volonté pour
ses amis, attendu quelle n'ouvre que la porte dont
elle porte le numéro. Comme on ne demande à la
porte que les billets de parterre, les individus qui
connaissent quelques personnes ayant des loges
peuvent, en faisant visite dé loge en loge, dont on
remplace la porte qu'on laisse ouverte par un rideau, ou une pièce de tapisserie, voir le spectacle
à peu de frais.

Chaque troupe chantante est ordinairement
composée d'une première et d'une seconde chanteuse, d'un premier et d'un second tenor, d'un
premier et d'un second bouffe, basses tous deux,
et de deux ou trois personnes tout à fait secondaires
pour les remplissages. Le poëte et le compositeur
doivent employer tout ce monde dans l'ouvrage
qu'on leur commande et qui en trente ou quarante
jours doit être composé, paroles et musique, copié,
appris, répété, et joué. On se fera facilement une
idée de la facture d'un ouvrage ainsi *expédié*.
Cette *fabrication* deviendrait même impossible si
les compositeurs n'avaient presque toujours en por-

tefeuille des duos, trios, quatuors, finales, faits à loisir dans des temps d'inaction, et dont ils se servent au moyen de changements dans les paroles. Les poëmes, ainsi que les partitions, se paient une fois pour toutes; il n'y a point en Italie de droits d'auteur à percevoir sur les recettes quotidiennes ; il n'y a point d'éditeur pour acheter la musique et la faire graver : on ne grave point en ce pays; aussi le métier de copiste est fructueux. On donne à un poète trente à quarante piastres pour son opéra, quelquefois un peu plus s'il a de la réputation; le compositeur a de cent à mille, deux mille piastres, suivant la vogue dont il jouit: toutes ces conditions, stipulées et soldées d'avance, que l'ouvrage réussisse ou non, sont rédigées sur papier timbré, avec dédit. Une fois ces arrangements terminés, on se met à l'ouvrage, non pour faire un bon opéra , mais aveuglément tout ce qui peut plaire aux chanteuses et chanteurs, et surtout les faire ressortir aux dépens les uns des autres. Comme ces dames ont toujours quelque *protecteur* puissant attelé à leur char, ces galants chevaliers devancent habituellement leurs héroïnes d'une quinzaine de jours. Leurs plus grands soins sont de s'informer si la seconde chanteuse est jolie, si elle a du talent, si les tenors sont habiles dans leur profession, si le premier, ou le second, ne serait pas par hasard quelque bel homme capable d'apporter du désordre dans le *protectorat*, si le compositeur est ami du premier ténore, ou s'il a quelques *relations* avec la seconde chanteuse, s'il est très répandu dans la société, s'il faut, suivant l'occurrence, le flatter, le déifier, ou l'écraser. Enfin, quand tous les renseignements possibles sont pris, que l'on a pris position, on commence à intriguer sourdement, dans les cercles, dans les promenades, dans les cafés, dans tous les lieux publics; on répand de l'argent, on fait des prières, des promesses; bientôt arrive la *prima dona*! les batteries sont dressées, elle débute!!... C'est alors que tout ce que la tactique et l'argent de son *protecteur* ont enrôlé d'oisifs sous sa bannière se rassemble et forme un de ces *partis* si fameux dans les théâtres d'Italie et dont le but est toujours d'élever une idole sur les ruines de tout ce qui l'entoure. Mais comme chacun agit dans le même but pour son compte particulier, il en résulte de nombreux et tumultueux conflits dont les pauvres compositeurs reçoivent les meurtrissures sans pouvoir s'en préserver, sans oser s'en plaindre, à moins qu'un grand talent, ou au moins une grande réputation, ce qui vaut fort souvent beaucoup mieux, ne les place dans l'opinion au-dessus de ces tracasseries d'amour-propre. Dans tous les cas, vous n'entendrez jamais un chanteur, quelque médiocre qu'il soit, convenir que s'il a été sifflé, c'est parce qu'il a été mauvais, mais il dira avec assurance qu'il avait contre lui un *partito*. Aussi, n'en est-il pas un qui ne se fasse faire un sonnet imprimé à point nommé pour le jour de sa représentation à bénéfice, et dont on fait pleuvoir une nuée d'exemplaires par l'ouverture du lustre. Celui qui n'était que troisième sur un théâtre de *cartel*, comme à Turin, à Rome, à Naples, etc., peut être premier dans une petite ville et veut jouir à son tour des honneurs qu'il a vu décerner à ses chefs d'emploi.

Les exécutants des orchestres portent des casquettes, l'hiver, ou des perruques de laine. Comme la profession de musiciens est loin de suffire à leur existence, ils sont presque tous artisans ou marchands, fruitiers, ferblantiers, friteurs, épiciers, etc. Les timballes, les trombones, n'étaient point encore introduites en Italie en 1842 ; les trompettes y étaient en revanche fort usitées. Il n'y avait presque point de violoncelles dans les orchestres les plus considérables, et l'on y comptait à peine un nombre suffisant de contrebasses d'un effet sourd et monotone. Ces contrebasses sont, ainsi que les nôtres, à trois cordes, mais montées en quartes.

Les prêtres vont au spectacle en Italie, soit seuls, soit en compagnie des deux sexes, sans scrupules comme sans scandale pour le public. Les femmes y vont seules ou accompagnées, à toutes les places, même au parterre où elles sont admises dans certaines villes, comme à Rome, par exemple. Grâce à l'obscurité et à l'antipathie que les Italiens ont pour toute espèce de gêne, ils entraient au spectacle le chapeau sur la tête et le gardaient même souvent toute la soirée ; mais les Français, qui ne savent rien endurer en dehors de leur pays et qui n'ont jamais le temps de réfléchir, ne pensaient pas que, comme étrangers et comme dominateurs, ce n'était pas sans quelque dépit qu'on les supportait ; après de nombreuses scènes assez violentes, ils parvinrent à les forcer de renoncer à cette inconvenance, comme à celle de parler souvent plus haut qu'on ne chantait, ce que je suis loin d'approuver, puisque j'en étais également incommodé, mais qu'on aurait pu signaler avec moins d'aigreur et plus de ménagements.

Long-temps avant la représentation d'un opéra, les auteurs sont connus du public. Les principaux morceaux ont été entendus dans les cercles de la haute société où le compositeur a eu accès. Le poëme est imprimé sous la désignation de *libretto*, portant en tête la liste de toutes les personnes attachées à l'administration depuis le directeur jusqu'au dernier employé au luminaire : rien n'est omis. Le compositeur est obligé de tenir le piano aux trois premières représentations de son ouvrage, de faire au public de profonds saluts chaque fois que l'on applaudit et de prendre patience quand on siffle.

Lorsqu'on doit donner un ouvrage nouveau, ou ajouter quelque chose à celui dont les représentations ont cours, on a grand soin de l'annoncer long-temps d'avance par des affiches où l'objet annoncé est ordinairement suivi d'un petit discours adressé au public. Comme il serait difficile de se faire une juste idée du style italien en pareil cas, j'ai copié parmi les moins ridicules, deux de ces pièces d'éloquence directoriale, et je les transcris ici. *Gradite, o cortese publico, le fatiche della sudetta compagnia ed onoratella col vostro numeroso concorso.* Ce qui veut dire : agréez, ô public courtois, les fatigues de la susdite compagnie et honorez-la par votre nombreux concours. *Per la novità e tutt'altro destinato per un tal spettacolo si farebbe un torto a questo colto publico e conoscitore del vero, a dubitare del suo numeroso concorso.* Ce que l'on peut traduire à peu près ainsi : pour la nouveauté et tout ce qui est destiné à un tel spectacle, on ferait tort à ce public cultivé et connaisseur du vrai si l'on doutait de son nombreux concours.

D'après ce qui a été dit précédemment, on peut juger de quelle manière les Italiens envisagent l'art dramatique, la poésie et la musique, par rapport aux convenances théâtrales. L'unité d'action, de temps, de lieu, est rarement observée dans leurs opéras sérieux ou bouffes ; ainsi, il devient évident, et on en conviendra en relisant cette notice si l'on est de bonne foi, que si les ultramontains nous ont emprunté quelques usages salutaires, quelques règles sages, capables d'améliorer leur scène lyrique, nous avons pris en revanche chez eux tout ce qui pouvait faire rétrograder la nôtre vers l'enfance de l'art et détrôner le bon goût en sacrifiant la raison et les convenances. Mon opinion sur les usages généraux du théâtre italien se trouve pleinement justifiée par ce passage d'une lettre de Voltaire à M. de Laborde, premier valet de chambre du roi : « … L'opéra italien ne vit que d'ariettes « et de fredons ; c'est le mérite des Romains d'au- « jourd'hui ; la grand'messe et les opéras font « leur gloire. Ils ont des faiseurs de doubles cro- « ches au lieu de Cicérons et de Virgiles, et leurs « voix charmantes ravissent tout un auditoire « en A, en E, en I, et en O. » (Corresp. génér. ann. 1765.)

L'examen de toutes ces coutumes, au moins singulières, a fixé mon attention d'autant plus vivement que j'ai vu s'introduire en France successivement tout ce que j'avais remarqué avec surprise de l'autre côté des Alpes ; je crois que la comparaison sera facilement faite et amènera naturellement dans l'esprit du lecteur le résultat qui m'a frappé et qui m'a, en quelque sorte, déterminé à écrire ceci.

Je crois très positivement, comme je l'ai dit ailleurs, que la véritable supériorité des Italiens tient uniquement à l'influence de leur climat, plus favorable aux voix que le nôtre ; je crois de plus qu'une belle voix ne suffit pas seule pour faire un bon chanteur, et que quant à notre méthode d'enseignement, elle n'a rien à envier à la leur.

A l'égard de l'exécution instrumentale, les Italiens n'en ont nulle idée ; il n'y a rien à en dire, sinon qu'elle est d'un faible secours à la bonne musique et peu propre à faire supporter la médiocre.

Je ne pousserai point, toutefois, le rigorisme jusqu'au point de partager l'opinion d'un artiste fort distingué, auquel on demandait comment il avait trouvé la musique en Italie, et qui répondit que ce qu'il avait entendu de meilleur était un morceau de Gluck qu'il ne connaissait pas ; je serais injuste en l'imitant, et je trahirais ma pensée : j'ai entendu, je me plais à le dire, de fort bonnes et de fort jolies choses dans ce pays. Il faut abandonner à nos voisins cette fâcheuse manie de déprécier tout ce qui n'est pas ultramontain. Il y a dans la manière de composer une particularité qui me revient en mémoire et que je ne veux point passer sous silence. Les Italiens n'admettent point l'emploi de la sixte et quinte juste sur la quatrième note du ton : ils condamnent cet accord comme mauvais. Leur manière d'écrire est en général peu travaillée; à quatre, cinq, six, huit voix, il y en a rarement plus de trois *réelles* qui parlent à la fois : est-ce pauvreté, est-ce négligence, est-ce système ? C'est à cette dernière pensée que je serais tenté de m'arrêter, et ce qui m'y engage c'est la réponse que me fit M. Zingarelli, à qui je communiquai la fugue que j'avais faite au concours ouvert pour être reçu membre de l'académie des philharmoniques de Bologne, et qui fut couronnée d'un plein succès : « C'est une fugue, me dit-il, *piena d'artificio, ma senza effetto*, pleine d'artifice, mais sans effet. » J'aurais pu lui répondre que celles que j'avais vues et entendues depuis que j'étais dans ce pays, dans divers lieux et à S. Pierre en particulier, usurpaient ce titre et n'étaient point des fugues, puisqu'aucune des conditions exigées dans la fugue sévère et régulière ne s'y trouvait, c'est-à-dire, le sujet, les contre-sujets en contrepoint double, triple ou quadruple, selon que la fugue est à deux, trois ou quatre sujets, les imitations, les canons, les pédales, les *stretto*, les cadences etc. ; mais je me tus, par respect pour son âge.

Les chants populaires, si hautement vantés par les voyageurs, m'ont paru quelquefois bien : alors je les ai notés ; quelquefois nuls : j'ai passé outre ; quelquefois repoussants : je me suis enfui. Quelques cantiques, chantés aux coins des rues devant les *madones*, quelques jolis airs de guitare, ou de mandoline, vénitiens ou napolitains, joués par des personnes qui, dans la belle saison, passent une partie des nuits dans les rues, voilà ce que j'ai remarqué de plus agréable.

J'aurais voulu joindre ici quelques notions sur le mode d'enseignement musical usité; mais où trouver des matériaux certains dans un pays où il y a fort peu d'écoles publiques, point de méthode générale avouée de tous, et où les communications confidentielles de confiance sont aussi rares que difficiles à acquérir? Les bons modèles passent incessamment d'une province dans une autre, et par conséquent ne se livrent pas à l'enseignement; ceux qui sont à demeure fixe, s'isolent entièrement, des étrangers surtout, et ne communiquent rien. Je cite les quatre plus éminents de l'époque où j'habitais ce pays : Azzioli, à Milan; le père Matteï, à Bologne, Zingarelli, à Rome; Paësiello, à Naples : des deux premiers je tirai fort peu de lumière; des deux derniers absolument rien : je dus même renoncer à les voir : j'étais Français, cela suffisait.

Une autre cause s'oppose fortement à ce qu'il y ait une méthode fixe et universelle en Italie, c'est qu'il n'y a pas la moindre unité de peuple : chaque province a une manière, un goût différent et tranché, et cependant les compositeurs ainsi que les chanteurs voyagent continuellement, de sorte qu'une troupe est souvent composée de cinq ou six nations, d'autant d'accents et d'écoles différentes. Il arrive de ceci que tel opéra qui n'a eu à Venise qu'un succès médiocre, est porté aux nues à Bologne, et sifflé à Rome.

L'usage, comme je l'ai dit, est d'avoir trois, ou au moins deux opéras par saison dans chaque grande ville ; ce qui ouvre aux compositeurs italiens une carrière bien autrement vaste que l'espèce *d'impasse* où on les enferme en France. Celui qui réussit le plus complétement est accueilli avec transport jusqu'à la fin du nombre fixe de représentations qu'il doit avoir ; s'il dépassait ce nombre, il serait hué : bon ou mauvais, on en veut un nouveau ; ce qui n'est pas la preuve d'un jugement et d'un goût musical bien délicat.

Un point sur lequel les Italiens ne sont jamais en défaut, c'est l'amour-propre avec lequel ils mettent leurs compatriotes avant et au-dessus de tout. Cette aveugle présomption, cette confiance en leur mérite, poussée à l'excès, finit sans doute par s'approcher du ridicule ; toutefois, je l'estime en eux cent fois plus que la manie plus blâmable de n'accorder de mérite ou de talent qu'à ceux qui ne sont pas de la nation, et de ne trouver rien de bon que ce qui vient de loin. On appelle, je crois, ce déplorable travers d'un jugement faux et du mauvais goût de l'*urbanité*.

On m'assure que le théâtre s'est amélioré en Italie, je veux le croire ; les gens de mérite finissent toujours par avoir raison ; ce pays à coup sûr n'en manque pas, et le beau génie de M. Rossini était à lui seul capable d'y causer une révolution favorable. Je n'ai point présenté ces observations comme un arrêt qui condamnât le théâtre à rester dans un état indéfini d'infériorité, mais comme un moyen de comparer les situations, de calculer la valeur des emprunts, des importations, et de juger de quel côté on marche le plus sûrement dans la voie de la saine raison et du véritable bon goût.

Ce n'est point à moi à prononcer cette sentence ; les lecteurs, si j'en ai, examineront, réfléchiront et prononceront. Je me borne ici à protester de ma bonne foi, et à déclarer de nouveau que je n'ai rien avancé que je ne l'aie positivement vu et entendu.

FIN.

TABLE

DES MATIÈRES.

FIN DE LA TABLE.

www.ingramcontent.com/pod-product-compliance
Lightning Source LLC
LaVergne TN
LVHW021638060726
842527LV00003B/716